一 歩 進 ん だ

三訂版

教 職 概 論

教育の最新事情からの「教職概論」

遠藤 浩・齋藤公子・齋藤嘉則

三訂版に寄せて

本書は、教育職員免許法で定められた「教職に関する科目」の「教職の意義等に関する科目」に関するテキストとして、2018年に初版、2021年には「新版」として改訂版を発刊してきました。

今回、「三訂版」を発刊するにあたり、最新の教育動向として、令和3年1月の中央教育審議会答申「『令和の日本型学校教育』の構築を目指して」の概要、また、その答申を受けてまとめられた、令和4年12月「『令和の日本型学校教育』を担う教師の養成・採用・研修等の在り方について～「新たな教師の学びの姿」の実現と、多様な専門性を有する質の高い教職員集団の形成～」の答申に至るまでの経緯や議論について追記しました。

現在、教師の長時間勤務問題や、教員採用選考試験の倍率低下、全国的な教員不足や未配置問題など、学校や教職に関する様々な報道がなされています。

その一方で、令和4年答申の「おわりに」では、「今回の答申は、教師の養成・採用・研修の一体的な改革を通じ、教師が創造的で魅力ある仕事であることが再認識され、志望者が増加し、教師自身も志気を高め、誇りを持って働くことができるという将来を実現するための提言である。」という強い願いが込められた記述があるように、現在、持続可能な働き方を実現しよう、チーム学校としての協働体制を構築しよう、教職員のwell-beingの追求により、教育活動の質を高め、児童生徒の「学び」を一層豊かなものとしよう、といった学校における働き方改革の動きも出てきています。

本書を読み進めることで、「教師とは何か、教職とは何か」について深く考察し、職業としての教職への積極的な学びの出発点にしてほしいと思っています。皆さんが次世代の教師として、豊かな人生を送るための学びにつながっていくことを期待しています。

宮城学院女子大学　遠藤　浩

は じ め に

　この本を手に取った皆さんは、「教職」に興味や関心をもった方々でしょう。職業選択のひとつの選択肢して「教職」、平たくいえば「学校の先生」をめざそうかと考えているのかもしれません。また、現職の教員の方でもう一度「教職」という職の内容を確認されるためにこの本を手に取られた方もいらっしゃるのではないでしょうか。

　大方の人は、いままでは、教育を受ける側、児童、生徒という立場から学校の先生の様子をみてきたのではないでしょうか。今度は立場が逆転することになります。「教師」という立場から、職業のひとつとして「学校の先生」の仕事の内容や生活の様子をみてみる、確認してみる、ということが本書の大きな目的のひとつです。また、いま現在、教職に就いている方も、もう一度、「教職」の意味、さらに、昨今の教育の最新事情を確認したいという方々にも参考となるものだと考えています。

　いま、学校教育は大きな曲がり角に直面しています。社会の劇的な変化にともない学校教育もその姿を大きく変えていく瀬戸際に来ているようです。その様な時に、「教職」をめざす皆さんに何が必要なのか、どんなことをあらかじめ知っていてほしいのか、さらに、それらに立ち向かい、「教職」を職業として充実した、やりがい、生きがいのあるものとしていけるよう、その職に就いて人生を送るための基礎的な情報を提供することを編集の基本としました。

　編集にあたり執筆者間での話合い、情報交換を密にして、可能な限りup-to-dateな内容とすることを心がけましたし、文章そのものが簡潔で読みやすいものになるよう心がけたしだいです。本文中の資料及び内容は、発表された重要な答申や資料をもとに、内容によってはそのものを掲載しています。

　ここに新版を刊行する運びとなりましたが、編集方針は旧版と同じです。本書が読者の皆さんの進路選択の一助となってくれることを願ってやみません。どうか本書を有効に活用して「教職」への理解を深めていただければ幸いです。

桜舞う仙台桜丘のキャンパスにて

齋藤　公子

目　次

＊第16章以降は、教育の最新事情の追加説明として、学習指導要領の構造、道徳科の教科化について
　解説している。

第1章 「職場」の風景

本章は、「職場の風景」を記述している。「教職」は職業選択の選択肢のひとつである。まず、教師の意識や日常の生活を知ることから「教職」の職業的特徴を理解したい。ここでは、民間企業に勤務する会社員の仕事の様子とともにその理解を深めることが期待されている。

本章では地方の私立女子大学学芸学部英文科を卒業して6年、一人目は公立中学校に勤務する英語科教員の恩田すみれ（仮名）さん、二人目は中堅冷凍食品会社に勤める柏木雪乃（仮名）さん、この2名にそれぞれの仕事の内容を紹介していただいた。さらに、ある一日の学校や会社での生活ぶりを少し詳しくお話ししていただいた。

将来、職業人として生活していくため、その進路選択は重要である。ここでは、教職概論を進めるにあたり、「教職」についての理解を進める第一歩として実際のその仕事ぶり、生活ぶりを他の職業との違いから理解したい。

1. 中学校教師の仕事とその一日

現役の中学校教師に実際の仕事の内容や学校での一日の仕事ぶり、生活ぶりを伺った。インタビューに応じてくれた先生は、恩田すみれ（仮名）先生、プロフィールは、前述にもあるように地方の私立女子大学学芸学部英文科を卒業して教職について6年目を迎える。現在の勤務校は地方中核都市の郊外にあり2校目である。各学年5学級の中規模校、生徒は比較的落ちついている。保護者や地域の皆さんは学校の教育活動に協力的である。

恩田先生は、現在、3年3組の担任、担当教科は英語科、校務分掌では生徒会を担当していて、部活動は女子バレーボル部の顧問をしている。

まず、いくつかの項目を立ててそれについてお話しいただき、その後で、一日の仕事ぶり、生活ぶりを追ってみた。

○現在の仕事内容

3年3組の学級担任です。3年生担任ということもあって生徒一人一人の進路選択に向けて気を配っています。家庭訪問、個人面談、進路相談など生徒や

保護者とお話しする機会が多くなっています。しかし、近年、保護者の皆さんも忙しいのか家庭で生徒さんとお話しする機会が少なくなっているようです。学校での面談の席で親子の会話をされることが多々あります。また、担当教科が英語科なので、これも高校の入学試験に向けて生徒の学力を伸ばすことに日々苦心しています。3年生ともなると学力の差が大きく授業の進め方をいろいろ工夫しています。また、学級の子どもたちが仲良く生活できるように、学校行事への参加のしかたなども工夫してみんなで力を合わせて楽しく参加できるよう工夫しています。

○教師としてのやりがいと不満

　生徒の成長を見ることができるのが一番のやりがいです。生徒は最初はぜんぜんできなかったことが次第にできるようになります。たとえば、英語の教科書の本文を読めなかった子がいろいろ工夫して教えたら正確に音読できるようになりました。生徒自身もそのことに喜びを感じているようでした。私も自分のことのようにうれしかったです。しかし、そのためには根気がいります。

　ただ、心構えとして子どもが好きというだけではむずかしい仕事になっています。先輩の先生方のお話をお聞きすると、一昔前とはちがって保護者が学校や担任教師にクレームをつけてくるということがよくあるので精神的につらいことも多いようです。所謂、クレーマー、または、モンスター・ペアレントでしょうか。また、よく「家庭、地域との連携が大切だ」といわれていますが、その責任の所在がわかりにくくなっています。家庭での基本的な教育が十分ではなく、全部学校が引き受けている部分もあり、改善の余地が十分にあるのではないでしょうか。

○給料・待遇

　公務員なので周りが不況でも影響はないのでは、といわれますがそんなことはありません。不況で民間の給与が上がらなければ人事院勧告も抑え気味になります。また、どんなに仕事で遅くなって残業しても手当は付きません。でも身分は法律で保障されていますし、安定している職業です。そのため仕事そのものに集中することができるような仕組みになっているような気がします。

○その他の生活の様子

　生活は、どうしても不規則になりがちです。生徒のことが中心になり日々の

2

生活がすぎていきます。しかし、身分が保障されていて人を育てる、育てているということに専念できる仕事だと思いますし、それが大きなやりがいであり、日々充実感をもって生活できます。

○教職を目指す人へのメッセージ

　ただ子どもが好きというだけで続けていくことはむずかしい仕事です。生徒はもちろん保護者や同じ職場の教師や地域の皆さんとよい関係を保ちながら働いていかなければならないということを頭に入れといたほうがいいと思います。子どもの成長や将来にかかわってくる重要な仕事といわれますが、子どもが可愛いと感じ一日一日を大切に、子どもを注意深く見守っていくことが大事ですし、それが喜びにつながると思います。

　では、続いて実際にどんな一日を過ごされているのか、恩田さんに伺った。

▶恩田すみれ（仮名）先生のある一日

○出勤からお昼まで

　通常、朝8時前後から朝の打合せが始まりますので、それ以前に出勤します。教頭先生は6時半頃には出勤されて、校舎内外に異常はないか確認されています。また、中学校総合体育大会など大きな大会がある場合は部活動の朝練習があり、私は女子バレー部の顧問ですので7時頃の練習開始前には出勤することになります。時々、部活動の指導が負担に感じることがあります。

　また、担当教科が英語科ですが、その日に電子黒板やパワーポイントを活用して授業を進めようと思うと、前日に十分に準備ができなかった場合は、その準備ができるよう部活動の朝練習が始まる前までに学校に着くようにアパートを出ることもあります。

　打合せ後は、学級担任をしていますので、「朝の会」、朝のショートホームルーム（SHR）に出て出欠の確認をし、事前に欠席の連絡がなく教室にいない生徒宅へ電話を入れます。学校によっては、朝のSHRの前に「朝読書」や「朝自習」などの時間があり、生徒と一緒に読書する場合もあります。

　一時間目の授業は9時前から始まります。授業は50分を基本としています。休み時間は10分という日課になっています。日課はタイム・テーブル（時間割）

によって決まっています。担当している学級の生徒全員が授業に積極的、意欲的に取り組めるよう、事前にいろいろ工夫して授業をするよう心がけていますが、これがなかなかむずかしいのです。そのために生徒一人一人の英語学習の習熟度、学力の状態をよく把握しておかなければなりません。中学校では定期テストがあるので、学年全体の進度が揃うようにペース配分にも気を配ります。

中学校では、タイム・テーブル上、自分の担当教科の授業がないときがあります。これを「空き時間」というますが、この時間は事務的な仕事に追われます。

担任を持っている場合は毎日提出される「生活ノート」（短い日記・作文で、学校により名称が異なり、活用していないところもあります。）に赤ペンを入れたり、定期テスト結果連絡表や通知表のような、各家庭への配布物を作成したりします。

また、校務分掌（校内の役割分担）に従って行事の準備をしたり、部活動の練習試合の手配をしたりといった仕事もあります。

余談ですが、私の校務分掌は生徒会担当なので、大きな学校行事、たとえば、体育祭、文化祭、合唱祭の前は、その準備に生徒と一緒に取り組みます。とても大変ですが、それぞれの行事が無事終わると、「やった！」という達成感で生徒とともに満足した気持ちになります。とても楽しいです。

○給食から生徒の下校まで

給食の時間もれっきとした指導時間ですから、配膳の様子を気にかけながら生徒に声を掛けたり、生徒に混じって片付けをしたり、指示したり、手伝ったりします。生徒のなかには食物アレルギーをもつ子もいるので十分気をつけて配膳します。

給食の時間には生徒たちもリラックスしているので、話題が豊富でテレビの話題や友人関係のことなど、子どもたちの言葉に耳を傾けます。

午後も午前と同じく、授業や事務的な仕事に取り組みます。

6限目終了後に10分程度の清掃の時間があるので、自分の学級の教室や分担区の監督・指導をします。

その後、「帰りの会」があり、「生活ノート」やプリント類などを返却・配布します。

放課後は部活動です。夏期は18時半頃まで、冬期は17時半頃まで部の生徒

たちと過ごします。

○部活動終了後

　授業の空き時間に手の回らなかった仕事は、部活動終了後に取り組みます。しかし、忙しいときに限って生徒指導の緊急職員会議が招集されることもあります。取りかかるのがさらに遅くなってしまいます。

　学級の長期欠席の生徒がいれば、失礼に当たらない時間に家庭訪問をすることもあります。訪問しなくとも、毎日必ず電話連絡を入れ、保護者と連携を密にしておきます。

　勤務時間はとっくに過ぎていますが、やり残したものを放置するわけにもいかず、残業手当が支給されなくとも割り当てられた仕事をやり遂げます。

　遅くまで中学校の職員室に灯りが点っているのは、全ての仕事が濃度の差こそあれ生徒に関わるものであり、生徒たちが可愛いと思う先生方の情熱の証なのかもしれません。

　以上、恩田すみれ（仮名）先生の学校の現在の仕事内容と学校での一日の生活ぶりをお話いただいた。

2. 中堅冷凍食品会社営業部の仕事とその一日

　次に、柏木雪乃（仮名）さんにお話を伺った。恩田すみれ（仮名）先生とは大学同期同じゼミの出身で、大学卒業後は中堅冷凍食品会社に就職して6年目、入社当時は製品開発部に所属、入社6年目の春、営業部営業第一課に転属された。早速、恩田すみれ（仮名）先生と同じく仕事の内容などについて伺った。

○現在の仕事内容

　この春まで製品開発部で製品開発に取り組んでいました。弊社は業務用冷凍食品の製造販売を主な業務としています。また、ファミリーレストランもチェーン店を展開しており、現在業務を拡大中です。春までは各部署から上がってくる市場調査にともなう商品開発企画の製品化が主な仕事でした。この4月に転属した部署は、営業部でお客様と直接接するいわば会社の最前線です。特に、営業第一課は営業成績の集約と市場調査、すなわち、お客様がどのような製品を欲しているか、営業マンがそれぞれ担当のお客様からから聞き取って

きたものをまとめて製品開発部に提案することが主な業務です。

○現在の担当部署でのやりがいと不満

　まず、会社の最前線、「顔」である部署であることが一番のやりがいです。どんなによい製品を市場に提案してもお客様にそれを購入していただかなければ会社それ自体が成り立ちません。いつもお客様と接するときは電話応対はもちろん、来訪されるお客様に失礼のないように心がけています。

　また、営業第一課は、お客様からの苦情の処理と営業部全体の取りまとめをしています。他の四つの課から報告されてくる営業成績や市場調査のとりまとめです。会社の営業成績全体を把握できたり、製品開発部に新製品の提案をしたりするなど会社の中心にいるような気がしています。特に、新製品の提案は創造的な業務で資料の収集、集約、製品の提案を課内のチームで創り上げていく時はとても楽しいです。

　しかし、お客様からの苦情処理は大変なときもあり、課長や部長が対応しなければならないときがあります。商品の納期を間違えたり、商品を取り違えたり、現場の営業スタッフが細心の注意を払っているにもかかわらず、ミスは出るものだと痛感してます。

○給料・待遇

　民間企業ですから給料は業績に大きく影響されます。弊社の製品は業務用冷凍食品ですので近年、外食する機会が減っていることが業績に大きく影響しています。また、ファミリーレストランをチェーン展開していますがこれも収益がなかなか上がらず苦戦しているようです。女性の職場での待遇は公務員同様手厚くなっていますし、社会保険などは完備されていますが、給料はここ頭打ちで、特に、高校や大学進学を控えたお子さんをおもちの方は大変なようです。

○その他生活の様子

　基本的には業務のほぼすべてがオフィスワークとなります。勤務時間は部署にもよりますが、毎日決まった時間帯で働くことが多いため、安定した生活リズムを整えることができます。

　業務内容は、ルーティーン（決まっている日常の業務）のものや企画立案しなければならないもの、さらに、時々突発的に依頼されるものもあるため、しっかりと計画を立てて行動しながらも、臨機応変に進めていくことが大切だと思

います。

<u>○会社勤務を目指す人へのメッセージ</u>

　一般企業は多様です。しかし、一番大切なことは、それぞれの会社の社風です。それは先輩から聞いたり、会社説明会から聞いたり、また、広く社会一般からの評判を聞いたりしながら、自分に合った社風、言いかえますと、どんな雰囲気、環境、事業内容であるかを判断してください。大学で専攻した内容がそのまま役立つこともありますが、そうでないことも実際多いです。仕事に取り組む過程で新たな自分を発見することもあります。皆さんの健闘を祈ります。

▶柏木雪乃 (仮名) さんのある一日

■08：30　出社

　月曜日、一週間が始まる。会社についたら同じ部署のメンバーに元気よく挨拶。パソコンを立ち上げて、ここ一週間と今日一日のスケジュールとメールをチェック。先週末に処理した発注伝票に不備があったとお得意様から苦情のメール、まず、事実確認をして上司 (課長) に報告、課長の指示を受ける。

■08：50　朝礼

　通常は部内の朝礼に参加、部長、各課長からの大事な指示内容をしっかりメモするが、今日は、お客様からの苦情処理に追われる。意外と大変だ。

■09：00　電話対応

　始業時刻になると、得意様先から電話が大量に入電、通常は他課の応援をして、明るく丁寧に対応、必要に応じて担当者に取り次ぐが、本日は先の苦情処理に専念。10時前にやっと処理完了、お客様も納得された様子でほっとする。

■10：00　資料作成

　先日の課内チームで話し合った照り焼きハンバーグの新商品提案の資料をA4版1枚にまとめ、パワーポイントのスライドを整える。来週の企画会議で提案、全体の売り上げが伸び悩んでいるので、営業マンの報告から定番のハンバーグの味と質に少し手を加え高級感のあるハンバーグを提案する予定。

■11：50　売上げ伝票整理

　お昼直前、突然、午後一番で先週一週間の売上げ報告がほしいとの営業担当常務からの指示あり、急遽、手分けして先週の売上伝票を日付順に整理して集計。

■12：40　休憩・昼食

　遅い昼食の時間、通常は混んだ社員食堂で昼食を取ることが多いが、今日は、少し遅めなので、食堂で並ぶこともなく定食のＢランチ（ヘルシー野菜炒め定食）を伝票整理組４名で食す。その後、ラウンジで13時40分近くまで歓談。

■13：50　会議の準備

　午後３時の営業部課長会議に備え、会議室で机の並べ替えと資料印刷。

■14：30　来客応対

　午前中、苦情処理を対応したお客様が突然来訪、応接室にご案内して、課長が応対、陪席してお話の内容を記録、ミス防止のヒントをいただく。

■15：00　営業部部課長会議

　会議に陪席、記録、時折、課長から苦情処理の内容や先週末までの売上げ状況などについて質問され回答。

■15：50　社内メール便の仕分け

　届いたメール便を確認し、担当者に配布。

■16：00　コピーやファクス送信

　依頼された資料をコピーしたり、取引先にファックスを送信、重要書類となるため宛先を間違えないように入念にチェック。

■17：15　日報作成

　一日の業務内容をまとめ、課長に報告。

■17：30　退社

　急ぎの資料作成などがあれば残業、基本的には帰宅は定時。来週の企画会議がんばるぞ、と思いながら帰宅する。

　同じ大学学部学科を卒業して就職して６年、当然ながら仕事もその内容も違うばかりか、生活の様子も異なる。進路選択に向けて、ここでは「教職」と冷凍食品会社に勤務の会社員の仕事を紹介しているが、まず、この２人の生活ぶりから「教職」の職業的特徴を理解したい。

課題　恩田すみれ（仮称）さん、柏木雪乃（仮称）さん、それぞれのお話から仕事の内容、特徴、やりがいなど自分で項目を立てて自分なりにまとめる。

第2章　教育の目的と意義～ルソー『エミール』を手がかりに～

> 「教育」という営みの目的と意義について、古来、哲学者、教育学者、文学者がそれぞれの自説を述べてきた。ここでは、その中でもルソーの『エミール』から教育の目的、意義、そして教師の役割（エミールの中では家庭教師）や存在意義について考えてみたい。

　この章は、「NHKテキスト100分de名著　ルソー　エミール」から引用している。本の表紙には、「『子』」を育むということ」「それは『彼ら』を知ることからはじまる」とある。ルソーは「自由な人間を育てる」ために、「名誉、権力、富、名声といった社会的な評価から自分を測るのではなく、自分を測る基準を自分のなかにもち、自分の必要や幸福をみずから判断して『自分のために』生きられるように育てる。そして、互いの意見を出し合いながら、自分を含むみんなが欲すること（一般意志）を明確にしてルール化する。つまり、自治しうる力をもつ人間を育てる」として、『エミール』はルソーの思想がつまっている教育論であり、人間論である。

　ルソーはこの時代にはじめて、「子ども」という概念や、現在、私たちが当然と考えている、子どもには「発達段階」に応じた教育が必要である、と考えた。近代以降、公教育が学校制度の整備とともに、広く浸透していく。一人の思想家の考えではあるものの、そこから、公教育の目的やその担い手である教師の存在意義を私たち自身が自らの頭で考える素材を得ることができる、と考えた。その際、第3章で確認する日本の教師が置かれている現状、第4章のOECDの教員の在り方についての国際比較調査の結果などともあわせつつ、「教職」についての理解を進めてほしい。では、引用と解説に進みたい。

『エミール、または教育について』

　『エミール、または教育について』は『社会契約論』と同じ1762年に出版されました。『社会契約論』が自由な社会の「制度論」を展開したのに対して、『エミール』は自由な社会を担いうる人間を育てるための「教育論・人間論」を展開しています。この二冊はいわば車の両輪であり、二冊で一体の書物と考えることが

あります。

　ルソーの考えた「自由な社会」とは、平和共存するために必要なことを、自分たちで話し合ってルール（法律）として取り決める「自治」の社会でした。権力者が勝手な命令を人に押しつけたり、一部の人たちだけが得をするような不公平な法律や政策がまかりとおったりすることのない、そんな社会です。

　そういう自由な社会をつくるために、『社会契約論』でルソーは「一般意志」（皆が欲すること）という概念を提示しました。

　　社会（国家）とは、構成員すべてが対等かつ平和に共存するために創られたものだ。だから、そこでの法律は、どんな人にとっても利益となること、つまり、皆が欲すること（一般意志）でなくてはならない。

そうルソーはいっています。

　人びとが集まり人民集会（議会）を開くときは、提出された法案についてそれが本当に皆の利益になるかどうか（一般意志といえるかどうか）を議論します。最終的には多数決で決めるのですが、その法の正当性は「多数が賛成したから」という点にあるのではなく、それが「一般意志である＝皆にとっての利益である」という点にある、とルソーはいいます。つまり、いくら多数が賛成したとしても、一部の人に損害を与えるような不公平な法律には正当性がないのです。

　とあるが、しかし、議会で議決された法律の正当性云々について誰が判断するのかという困難な課題が残る。また、続けて、

　教育論である『エミール』の目的の一つは、「みんなのため」を考えられる人間をどうやって育てるか、ということになります。もっとも、みんなのため、といっても自分を犠牲にして国家に尽くすということではなく、「自分も含むみんなの利益」をきちんと考えるということです。

　『エミール』の目的はもう一つあります。ルソーは、個人としての生き方の面でも、真に自由な人間を育てようとしました。しかしこれには大きな困難があ

ると考えていました。

　文明が発達した相互依存的な社会の中では、人は自分を、名誉・権力・富・
名声のような社会的評価をもって測るようになり、そしてまわりの評価にひ
きずりまわされる。それでは自由とはいえない。そうでなくて、自分の必要
や幸福をみずから判断して「自分のために」生きられる人間こそが真に自由
な人間だ。

こうルソーは考えました。自分のため、といっても単に利己的な人間という
ことではありません。自分にとって必要なことは何か。また自分はどう生きた
いのか。つまり自分の生き方についての価値基準をしっかりと「自分のなかに」
もっているということです。
　ルソーが『エミール』で課題としたのは、「自分のため」と「みんなのため」とい
う、折り合いのつきにくい2つを両立させた真に自由な人間をどうやって育
てるか、ということでした。この難しい課題に対して、この本は彼なりの答え
を示しています。

　と西研氏は解説している。『エミール』の日本語訳は、岩波文庫で3分冊とな
る長編の作品である。主人公エミールの成長に沿って、次の五つの編に分けら
れている。

● 第一編：エミールが誕生してから一歳までの**乳幼児期**
● 第二編：口がきけるようになる一歳頃から十二歳までの**児童期・少年前期**
● 第三編：十二歳頃から十五歳までの**少年後期**
● 第四編：十五歳から二十歳までの**思春期・青年期**
● 第五編：二十歳以降の**青年期最後の時期**
＊章末『エミール』の構成参照

　続けて、西研氏は、まず、ルソーは第一編の前に置かれた序文で、子どもとい
う存在を見い出す。「子どもの発見」は、実は十八世紀のヨーロッパでは、きわ

めて画期的なことでしたと説明している。

　このことについて説明を加えると、「子ども」は「小さな大人」と考えられていた。ヨーロッパでは近代になるまで、「子ども」という概念がなかった。子どもとは「小さい大人」「若い大人」であり、七歳ぐらいで両親から引き離されて大人たちのなかに入り、徒弟として仕事や遊びをともにした。家族や学校ではなく、その修行が、子どもが教育を受け社会化を遂げる場であった、という記述が、アリエス『＜子供の＞誕生』にある。

　ここで、その序文を引用して、続けて西研氏の説明を追ってみる。

　　人は子どもというものを知らない。子どもについてまちがった観念をもっているので、議論を進めれば進めるほど迷路に入り込む。このうえなく賢明な人々でさえ、大人が知らなければならないことに熱中して、子どもにはなにが学べるかを考えない。かれらは子どものうちに大人をもとめ、大人になるまえに子どもがどういうものであるかを考えない。（『エミール』今野一雄訳、岩波文庫、上巻23頁。以下同）

　子どもには発達段階があることは現代においては常識ですが、この時代、当時のフランスでは子どもは「小さな大人」としか見られていませんでした。貴族やブルジョワなどの富裕層のあいだで「優れた教育」といえば、古典を大人顔負けに暗唱させるといった類いのものだったようです。しかし、子どもを小さな大人として見るのではなく、まずちゃんと観察しなさいとルソーはいいます。子どもの発達には段階があり、それぞれに応じたふさわしい教育があるはずだというのです。ルソーはそういう考えを方をもっとも早く述べた思想家でした。

　続いて第一編では、口がきけるようになる以前の、乳幼児期のことが描かれるのですが、具体的な論に入る前に、子どもの教育はどうあるべきか、についての基本的な考え方示しています。第一編の冒頭はこのように始まります。

万物をつくる者の手をはなれたときすべてはよいものであるが、人間の手にうつるとすべてが悪くなる。(中略) 人間はみにくいもの、怪物を好む。なにひとつ自然がつくったままにしておかない。人間そのものさえそうだ。人間も乗馬のように調教しなければならない。庭木みたいに、好きなようにねじまげなければならない。

　しかし、そういうことがなければ、すべてはもっと悪くなるのであって、わたしたち人間は中途半端にされることを望まない。こんにちのような状態にあっては、生まれたときから他の人々のなかにほうりだされている人間は、だれよりもゆがんだ人間になるだろう。偏見、権威、必然、実例、わたしたちをおさえつけているいっさいの社会制度がその人の自然をしめころし、そのかわりに、なにももたらさないことになるだろう。(上巻27頁)

　人間は何でも思い通りにコントロールしようとします。教育にもそういう側面、人間を「好きなようにねじまげ」る性格があります。しかし、教育などせずに放置しておけばいいかといえばそうではなく、「すべてはもっと悪くなる」というのです。

　ルソーは、よく誤解されるように、単純に「自然へ帰れ」といっているわけではありません。原始の自然状態がよかったとしても、私たちはいまさら原始人に戻ることはできないのだから、現在の人為的な社会関係がさまざまな悪い面をもっているにせよ、それをうまくコントロールしていくしかないとルソーは考えていました。

　では、教育の根幹をルソーはどう考えているのでしょうか。それを、「三種類の先生」による「三つの教育」-「自然の教育」「人間の教育」「事物の教育」によって説明しています。

　まず、「自然の教育」というときの「自然」とは、人間の内なる自然のことを指します。子どもが手足を自由に動かせるようになったりだんだん言葉を覚えたりするのは、人間の内なる自然によるもので、いわば自然そのものが教えてくれる、ということです。次に「人間の教育」とは、親や学校の先生、家庭教師など、大人による一般的な意味での教育のことです。そして、「事物の教育」とは、子どもが現実のさまざまなモノやコトに出会って経験から学ぶことを意味しま

す。

　「自然の教育」における内的発達には段階があって不変なものなので、これが教育の柱になるべきだとルソーは考えます。つまり、この自然の発達段階に沿うようにして、「事物の教育」「人間の教育」は行われなくてはならないのです。

　では、どのような発達段階を人はたどっていくのか。生まれたばかりの子どもは、理性も判断もなく、感覚しかもっていません。触覚・視覚・聴覚・味覚・嗅覚などの感覚は未分化で、「快・不快」だけで世界ができています。そこからしだいにそれぞれの感覚が分化・発達していき、運動能力が発達していきます（乳幼児期から児童期）。この時期は、教師はとくに何かを教え込んだりしません。少年期になると教師からの教育がはじまり、「有用なもの」とそうでないものを区別し、いろいろな事物を積極的に利用することを学びます。思春期・青年期になると、さらに社会や人びとの生き方にも視野を広げ、最終的には理性的な判断をすることを学んでいくことになります。

　このような「自然の教育」の歩みに沿うのが教育の基本ですから、幼いときから急いで多くの知識を無理矢理教え込もうとする「促成栽培」は駄目だということになります。身体の感覚や運動能力が十分に発達すると、それを土台にして知性が発達してくるのだから、最初の時期はとくにゆっくり待たなければならない、とルソーは強調しています。

　では、ルソーが『エミール』で描こうとした教育の最終目標はどこにあるのか。それは、「自然人」と「社会人」の対立を克服することです。ルソーのいう「自然人」とは、自分のために生きる存在のことです。それが人間にとって根本的なありかただとルソーは考えています。一方、人間は社会をつくって生きている「社会人」でもあります。自然人として自分のために生きようとすれば、社会のなかで他者に貢献することができません。しかし、社会人として他者のために生きようとすれば、自分の幸福が犠牲になるかもしれません。その矛盾を乗り越えようというのが、本書の大事な論点です。

　もっぱら自分のために教育された人は、ほかの人にとってどういう者になるか。もし、人がめざす二重の目的が一つにむすびつけられるなら、人間の

矛盾をとりのぞくことによって、その幸福の大きな障害をとりのぞくことになる。(上巻36頁)

とルソーはいっています。具体的には、十五歳くらいまで（第三編まで）は、徹底的に「自分のために」生きる人間に育てます。そのためルソーは、他者との競争心や、他者からほめられるためにがんばるという動機を完全に取り除くように環境を設定しいます。エミールは家庭教師が見守るなか、一人で毎日野原を走り回って遊びます。「自分が」楽しい、気持ちいいとか、さらに自分の好奇心や必要性が満たされるということを大事にして育てるのです。このように、他者にほめられるために右往左往するような人間にしないという方針はじつに強く打ち出されています。

このように、自分自身のために生きるという軸をしっかりつくったうえで、十五歳以降（第四編以降）は、他者に対する思いやりや共感能力を育てていきます。そこから公共心、つまり、自分のためだけではなくみんなのために役立つ人間になる、というテーマが出てきます。

この本は「近代教育学の古典」ともいわれますが、ここで語られているルソーの教育論は、一人の子どもを自立した人間として、さらには自由な社会を担っていくことができる人間として育てることを目的としています。すなわち、名誉や富や権力といった社会的な評価で自分を測るのではなく、自分を測る基準となる軸を自分のなかにもつこと。それらをもったうえで、民主的な社会の一員として、お互いの意見を出し合いながら、みんなの利益となる「一般意志」を取り出してルールをつくる。つまり自治しうる人間を育てる。

これは理想の教育について、一種の壮大な思考実験ともいえます。だからこの作品には、ルソーの思想と問題意識がたっぷりと詰まっています。ルソー本人は哲学者と呼ばれることを好みませんでしたが、論理を突き詰めていく彼の思考は、書き方は文学的でも、明らかに哲学的だとぼく（＝西研氏）は思っています。

『エミール』の構成

扱う時期　　　　　　発達段階

	扱う時期	発達段階	
第一編	乳幼児期 0歳から1歳頃	快不快	自分のために生きる人間に育てる
第二編	児童期・少年前期 1歳頃から12歳頃	感覚・知覚	
第三編	少年後期 12歳頃から15歳	好奇心・用不用	
第四編	思春期・青年期 15歳から20歳	理性・道徳	他者に対する思いやりや共感能力を育てる
第五編	青年期最後の時期 20歳以降	幸福・徳	

　ここまで、西研氏の解説をたどってきたが、『エミール』の全体像を把握するには、『エミール』そのものを読むことである。しかし、ここまでのところで、教師の役割、存在意義のヒントをつかむことができたかもしれない。『エミール』に興味・関心のある諸君は、まずNHKのアーカイブスで「100分de名著エミール」を視聴することや、参考・引用文献にある同番組の解説書を読むことから始めることを勧めたい。

課題　『エミール』から子どもを育てるために大切な教師の基本的な在り方について考える。

＜参考・引用文献＞

ルソー著、今野一雄訳 (2007).『エミール』(上) (中) (下)：東京. 岩波文庫. 岩波書店.
西研 (2016).『NHKテキスト100分de名著エミール』：東京. NHK出版.

第3章　「教職」の現状と国際比較（1）

> 第3章と4章は、「教職」の現状と国際比較である。文部科学省が平成29年4月28日に報道発表した「教員勤務実態調査」（速報値）を、まず読み解く。次に、OECDが実施した「国際教員指導環境調査」結果（2013年）とも比較しながら、日本の「教職」の職業的特徴の理解を深めたい。

　文部科学省では、「教員勤務実態調査」を実施して公表している。公表されたデータは文部科学省のホームページにも掲載されている。このデータは、現在、日本の教員が置かれている状況を理解する、ひいては「教職」の職業的特徴の理解を進めるにも貴重なデータである。今後、当然、これらのデータを踏まえた教員の勤務環境の改善方策が策定されることとなるだろう。

　調査の概要を確認すると、中学校教諭の1日の平均勤務時間は平日で11時間32分（前回調査06年度比32分増）、土日で3時間22分（同1時間49分増）。業務別でみると、土日の「部活動・クラブ活動」が2時間10分（同1時間4分増）と倍増した。小学校教諭は平日で11時間15分（06年度比43分増）、土日で1時間7分（同49分増）、1週間では57時間25分（同4時間9分増）であった。

　旧学習指導要領に基づく教育課程（カリキュラム）だった06年度に比べ小学1～2年で授業時間（1単位時間45分）が2時間、小学3～6年で1時間増えたのに伴い、授業の準備時間も増えた。教諭の年齢構成をみると、30歳以下は小学校で25.9%、中学校で24.4%を占め、10年前より10～11ポイント増えている。若い教諭はベテランに比べ授業の準備に時間がかかり、部活動も任されるため、全体の勤務時間を押し上げる一因となっているのではないかとの見方もある。

　教員の長時間勤務、特に、中学校の部活動指導は負担が多いのではないかといわれてきたことが、文部科学省の調査でも明らかになった。この事態を受けて中央教育審議会にににおいても今後の改善方策について議論され答申が出されている。それらが実際の施策に移されようとしている。今後、改善が見込まれるが、ここで教員の本務とは何か、教職の専門性とは何かという、古くて新しい議論が展開されようとしている。まず、調査結果の具体を確認したい。

○教員勤務実態調査 (平成28年度) の集計 (速報値) について (概要)

平成29年4月28日公表

1. 調査の概要

(1) 経緯

「教育政策に関する実証研究」の一つとして、教員の勤務実態の実証分析を平成28 ～ 29年度の2か年で実施。【委託機関：株式会社リベタル・コンサルティング】

今回、教員勤務実態調査のうち、教員の勤務時間に係る部分の速報値がまとまったことから公表するもの。

(2) 実施方法

日時：平成28年10月～11月のうちの連続7日間

対象：小学校400校、中学校400校 (確立比例抽出により抽出。) に勤務する
　　　教員 (校長、副校長、教頭、主幹教諭、指導教諭、教諭、講師、養護教諭、
　　　栄養教諭。当該校のフルタイム勤務職員全員) を対象。

回答数：小学校　　　：397校　　　中学校　　　：399校
　　　小学校教員　：8,951名　　中学校教員　：10,687名

項目　：①学校調査票 (※)
　　　・学級数、児童生徒数
　　　・教職員数、専門スタッフの人数及び勤務時間等の指導体制
　　　・ICT機器等の活用状況
　　　・運営体制・業務改善の取組
　　　②教員個人調査票
　　　・属性 (性別、年齢、雇用形態、教職歴等)
　　　・学級担任の有無と担当学年、担当児童生徒数
　　　・部活動顧問の状況
　　　・校務分掌の状況
　　　・7日間の勤務実態の記録 (30分単位)
　　　・ストレスチェック調査 (※)
　　　(※) の項目は、29年度末までに集計・分析予定

2．調査結果の概要

（1）教員の１日当たりの学内勤務時間

前回調査（平成 18 年度）と比較して、平日・土日ともに、いずれの職種でも勤務時間が増加。（教諭（主幹教諭・指導教諭を含む。）については、１日当たり、小学校平日 43 分・土日 49 分、中学校平日 32 分・土日１時間 49 分）

時間：分

平日	小学校			中学校		
	28 年度	18 年度	増減	28 年度	18 年度	増減
校長	10:37	10:11	+0:26	10:37	10:19	+0:18
副校長・教頭	12:12	11:23	+0:49	12:06	11:45	+0:21
教諭	11:15	10:32	+0:43	11:32	11:00	+0:32
講師	10:54	10:29	+0:25	11:17	11:04	+0:13
養護教諭	10:07	9:38	+0:29	10:18	10:01	+0:17

土日	小学校			中学校		
	28 年度	18 年度	増減	28 年度	18 年度	増減
校長	1:29	0:42	+0:47	1:59	0:54	+1:05
副校長・教頭	1:49	1:05	+0:44	2:06	1:12	+0:54
教諭	1:07	0:18	+0:49	3:22	1:33	+1:49
講師	0:56	0:17	+0:39	3:12	1:25	+1:47
養護教諭	0:46	0:07	+0:39	1:09	0:19	+0:50

（2）教員の１週間当たりの学内総勤務時間

時間：分

	小学校			中学校		
	28 年度	18 年度	増減	28 年度	18 年度	増減
校長	54:59	52:19	+2:40	55:57	53:23	+2:34
副校長・教頭	63:34	59:05	+4:29	63:36	61:09	+2:27
教諭	57:25	53:16	+4:09	63:18	58:06	+5:12
講師	55:18	52:59	+2:19	61:43	58:10	+3:33
養護教諭	51:03	48:24	+2:39	52:42	50:43	+1:59

※28 年度調査では、調査の平均回答時間（１週間につき小学校 64 分、中学校 66 分）を一律で差し引いている。

（3）1週間当たりの学内総勤務時間数の分布（教諭と副校長・教頭）

> 1週間当たりの学内総勤務時間について、教諭（主幹教諭・指導教諭を含む。）のうち、小学校は55～60時間未満、中学校は60～65時間未満、副校長・教頭のうち、小学校は60～65時間未満、中学校は55～60時間未満の者が占める割合が最も高い。

【教諭】

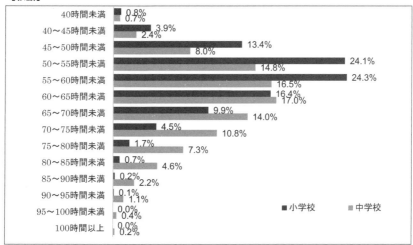

【副校長・教頭】

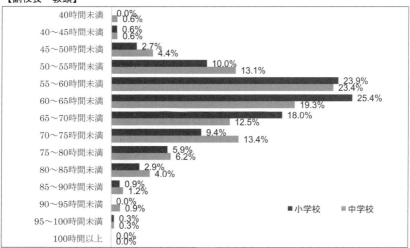

（４）学内勤務時間と持ち帰り業務時間の比較（１日当たり）

前回調査と比較して、学内勤務時間は増加している一方、持ち帰り業務時間は若干減少している。

時間：分

教諭のみ		小学校			中学校		
		28年度	18年度	増減	28年度	18年度	増減
平日	学内勤務	11:15	10:32	+0:43	11:32	11:00	+0:32
	持ち帰り	0:29	0:38	-0:09	0:20	0:22	-0:02
土日	学内勤務	1:07	0:18	+0:49	3:22	1:33	+1:49
	持ち帰り	1:08	1:26	-0:18	1:10	1:39	-0:29

（５）業務内容別の学内勤務時間（１日当たり）

平日については、小学校では、授業（27分）、学年・学級経営（10分）が、中学校では、授業（15分）、授業準備（15分）、成績処理（13分）、学年・学級経営（11分）が増加している。
土日については、中学校で部活動（1時間4分）、成績処理（10分）が増加している。

時間：分

平日（教諭のみ）	小学校			中学校		
	28年度	18年度	増減	28年度	18年度	増減
朝の業務	0:35	0:33	+0:02	0:37	0:34	+0:03
授業（主担当）	4:06	3:58	+0:27	3:05	3:11	+0:15
授業（補助）	0:19			0:21		
授業準備	1:17	1:09	+0:08	1:26	1:11	+0:15
学習指導	0:15	0:08	+0:07	0:09	0:05	+0:04
成績処理	0:33	0:33	±0:00	0:38	0:25	+0:13
生徒指導（集団）	1:00	1:17	-0:17	1:02	1:06	-0:04
生徒指導（個別）	0:05	0:04	+0:01	0:18	0:22	-0:04
部活動・クラブ活動	0:07	0:06	+0:01	0:41	0:34	+0:07
児童会・生徒会指導	0:03	0:03	±0:00	0:06	0:06	±0:00
学校行事	0:26	0:29	-0:03	0:27	0:53	-0:26
学年・学級経営	0:24	0:14	+0:10	0:38	0:27	+0:11
学校経営	0:22	0:15	+0:07	0:21	0:18	+0:03
職員会議等	0:20	0:31	-0:07	0:19	0:29	-0:04
個別打合せ	0:04			0:06		
事務（調査回答）	0:01	0:11	+0:06	0:01	0:19	±0:00
事務（学納金）	0:01			0:01		
事務（その他）	0:15			0:17		
校内研修	0:13	0:15	-0:02	0:06	0:04	+0:02
保護者・PTA対応	0:07	0:06	+0:01	0:10	0:10	±0:00
地域対応	0:01	0:00	+0:01	0:01	0:01	±0:00
行政・関係団体対応	0:02	0:00	+0:02	0:01	0:01	±0:00
校務としての研修	0:13	0:13	±0:00	0:12	0:11	+0:01
校外での会議等	0:05	0:05	±0:00	0:07	0:08	-0:01
その他校務	0:09	0:14	-0:05	0:09	0:17	-0:08

時間：分

土日（教諭のみ）	小学校			中学校		
	28年度	18年度	増減	28年度	18年度	増減
朝の業務	0:02	0:00	+0:02	0:01	0:00	+0:01
授業（主担当）	0:07	0:00	+0:08	0:03	0:00	+0:03
授業（補助）	0:01			0:00		
授業準備	0:13	0:04	+0:09	0:13	0:05	+0:08
学習指導	0:00	0:00	±0:00	0:01	0:00	+0:01
成績処理	0:05	0:01	+0:04	0:13	0:03	+0:10
生徒指導（集団）	0:01	0:00	+0:01	0:01	0:00	+0:01
生徒指導（個別）	0:00	0:00	±0:00	0:01	0:00	+0:01
部活動・クラブ活動	0:04	0:02	+0:02	2:10	1:06	+1:04
児童会・生徒会指導	0:00	0:00	±0:00	0:00	0:00	±0:00
学校行事	0:09	0:01	+0:08	0:12	0:02	+0:10
学年・学級経営	0:03	0:00	+0:03	0:04	0:01	+0:03
学校経営	0:03	0:01	+0:02	0:03	0:01	+0:02
職員会議等	0:00	0:00	±0:00	0:00	0:00	±0:00
個別打合せ	0:00			0:00		
事務（調査回答）	0:00	0:00	+0:02	0:00	0:02	±0:00
事務（学納金）	0:00			0:00		
事務（その他）	0:02			0:02		
校内研修	0:01	0:00	+0:01	0:00	0:00	±0:00
保護者・PTA対応	0:03	0:02	+0:01	0:03	0:02	+0:01
地域対応	0:02	0:00	+0:02	0:01	0:01	±0:00
行政・関係団体対応	0:00	0:00	±0:00	0:00	0:00	±0:00
校務としての研修	0:00	0:00	±0:00	0:01	0:00	+0:01
校外での会議等	0:00	0:00	±0:00	0:01	0:00	+0:01
その他校務	0:01	0:01	±0:00	0:04	0:03	+0:01

【留意点】

● 28年度調査の平均回答時間（1週間につき小学校64分、中学校66分）については、1週間単位の勤務時間から一律に差し引いている。一方、1日単位については、総勤務時間及び「事務（その他）」に含まれている。

● 28年度調査の「教諭」については、主幹教諭・指導教諭を含む（主幹教諭、指導教諭は、平成20年4月より制度化されたため、18年度調査では存在しない。）。

● 1日当たりの正規の勤務時間は、28年度：7時間45分、18年度：8時間。

● 18年度調査と同様に、1分未満の時間は切り捨てて表示。

● 18年度調査における第5期（18年10月23日〜11月19日）の集計結果と比較。

業務分類	具体的内容
児童生徒の指導にかかわる業務	
朝の業務	朝打合せ、朝学習・朝読書の指導、朝の会、朝礼、出欠確認など
授業（主担当）	主担当として行う授業、試験監督など
授業（補助）	ティーム・ティーチングの補助的役割を担う授業
授業準備	指導案作成、教材研究・教材作成、授業打合せ、総合的な学習の時間・体験学習の準備など
学習指導	正規の授業時間以外に行われる学習指導（補習指導・個別指導など）、質問への対応、水泳指導、宿題への対応など
成績処理	成績処理にかかわる事務、試験問題作成、採点・評価、通知表記入、調査書作成、指導要録作成など
生徒指導（集団）	給食・栄養・清掃指導、登下校・安全指導、健康・保健指導、全校集会、避難訓練など
生徒指導（個別）	個別面談、進路指導・相談、生活相談、カウンセリング、課題を抱えた児童生徒への支援など
部活動・クラブ活動	授業に含まれないクラブ活動・部活動の指導、対外試合引率（引率の移動時間も含む。）など
児童会・生徒会指導	児童会・生徒会指導、委員会活動の指導など
学校行事	修学旅行、遠足、体育祭、文化祭、発表会などの行事、学校行事の準備など
学年・学級経営	学級活動・HR、連絡帳の記入、学級通信作成、名簿作成、掲示物作成、教室環境整理など
学校の運営にかかわる業務	
学校経営	校務分掌業務、初任者・教育実習生などの指導、安全点検・校内巡視、校舎環境整理など
職員会議・学年会などの会議	職員会議、学年会、教科会、成績会議、学校評議会など校内の会議など
個別の打合せ	生徒指導等に関する校内の個別の打合せ・情報交換など
事務（調査への回答）	国、教育委員会等からの調査・統計への回答など
事務（学納金関連）	給食費や部活動費等に関する処理や徴収などの事務
事務（その他）※今回調査の回答時間を含む。	業務日誌作成、資料・文書（校長・教育委員会等への報告書、学校運営にかかわる書類、予算・費用処理関係書類）の作成など
校内研修	校内研修、勉強会・研究会、授業見学など
外部対応	
保護者・PTA対応	保護者会、保護者との面談や電話連絡、保護者対応、家庭訪問、PTA関連活動、ボランティア対応等
地域対応	町内会・地域住民への対応・会議、地域安全活動、地域行事への協力など
行政・関係団体対応	行政・関係団体、保護者・地域住民以外の学校関係者、来校者の対応など
校外	
校務としての研修	初任研、校務としての研修、出張を伴う研修など
会議・打合せ（校外）	校外への会議・打合せ、出張を伴う会議など
その他	
その他の校務	上記に分類できない校務、移動時間など

●文部科学省「教員勤務実態調査」（平成28年度）の集計（速報値）について

　まず、速報値の数値を確認する前に、「業務分類」の「具体的内容」をご覧いただきたい。日本の教員が児童生徒に直接かかわること以外にも多くの業務を抱えていることが一目瞭然にわかる。それらをひとつひとつ確認してみると、全く子どもたちにかかわらないものはないものの、かかわり具合の濃淡は明らかだ。そして、教員が直接担当することがなくとも、担当可能な業務があることがわかる。

　次の章ではOECDが実施した「教員指導環境調査」で学校の学習環境や教員の勤務環境の国際比較が行われているが、日本の教員は子どもにかかわることを可能な限り抱え込む傾向があることは否定しがたい。第14章や第15章で概観する「チームとしての学校」や「地方創生」で学校の内と外で果たす役割が多岐にわたればわたるほど、次に待ち受ける議論の主題は、「教職」の専門性とは何か、「教員」の専門性とは何か、ということになるだろう。

　その際、今回の調査で問題になるのは「教職」の専門性を担保する「研修」が十分確保できていないのではないかと考えられることにある。たとえば、「(5)業務内容別の学内勤務時間（1日当たり）」をみてみると、「校内研修」は、平成28年度調査では小学校13分、中学校6分となっている。「研修」は教員の「専門性」を担保するために必要不可欠である。

　次に、「授業準備」にかける時間は微増しているものの、小学校で28年度調査では、小学校で1時間17分、中学校で1時間26分となっている。これで十分な時間といえるのか疑問である。現在、中教審答申、教員の勤務実態がマスコミで報道されるに及んで教員が授業に専念できる、子どもたちと気持ちに余裕をもちながら接することができるよう、今後様々な施策が実施されるだろうことを期待したい。

　本書の別の章でも取り扱うが、これらの調査結果を知るだけではなく、「教職」の専門性、「教員」の専門性について調査結果を踏まえて自分自身で考えてみることが必要である。

課題　教員の勤務実態にかかわる新聞記事、雑誌の特集記事等を複数集めて、自分でその内容を簡潔にまとめてみる。

第4章 「教職」の現状と国際比較（2）

第4章では、第3章に引き続き、「教職」の現状と国際比較である。特に、本章では、OECDが実施した「国際教員指導環境調査」結果（2013年）を読み解き、職業的特徴の理解を進めつつ、文部科学省がどのような施策を取っているのか、取ろうとしているのかその理解を深めたい。

この章で取り上げるのがOECDが実施した国際教員指導環境調査（TALIS）の結果の概要である。国際比較の資料として、日本のにおける「教職」の現状を理解するものとしたい。まず、調査の概要である。

調査の概要

○調査概要・目的

・学校の学習環境と教員の勤務環境に焦点を当てた国際調査。職能開発などの教員の環境、学校での指導状況、教員へのフィードバックなどについて、国際比較可能なデータを収集し、教育に関する分析や教育政策の検討に資する。

・2008年に第1回調査、2013年に第2回調査（今回）を実施。日本は今回が初参加。

○調査対象：中学校及び中等教育学校前期課程の校長及び教員

・1か国につき200校、1校につき教員（非正規教員を含む）20名を抽出

・日本の参加状況：全国192校、各校20名（校長192名、教員3,521名）

・国公私の内訳（参加校に所属する総教員数による割合）：

国公立校 約90%、私立学校 約10%

○調査時期：平成25年2月中旬～3月中旬（日本）

○調査方法

調査対象者が質問紙調査（教員用／校長用）に回答（所要各60分）

○調査項目

◆教員と学校の概要

◆校長のリーダーシップ

◆職能開発

◆教員への評価とフィードバック

◆指導実践、教員の信念、学級の環境

◆教員の自己効力感と仕事への満足度

○参加国：OECD加盟国等34カ国・地域

アルバータ (カナダ)、オーストラリア、フランドル (ベルギー)、ブラジル、ブルガリア、チリ、クロアチア、チェコ、キプロス、デンマーク、イングランド (イギリス)、エストニア、フィンランド、フランス、アイスランド、イスラエル、イタリア、日本、韓国、ラトビア、マレーシア、メキシコ、オランダ、ノルウェー、ポーランド、ポルトガル、ルーマニア、セルビア、シンガポール、スロバニア、スペイン、スウェーデン、アブダビ (アラビア首長国連邦)、アメリカ

※下線は第2回からの新規参加国

○結果公表

平成26年6月25日、OECDによる結果報告

　ではここで、続いて報告書の中から3つの章を引用する。それぞれの内容について「教職」の職業的特徴を理解する資料としたい。

●職能開発 (第4章)

○教員の初任者研修について、日本では、公立学校の正規雇用の教員の初任者研修が義務つけられているため、公的な初任者研修プログラムに参加している教員の割合が高い (日本83.3%、参加国平均48.6%)

　※本調査は非正規及び私立学校の教員も回答しているため参加率が100%にはならない。

○日本では、教員が各学校で組織内指導者 (メンター) の指導を受けている教員の割合が高く (日本33.2%、参加国平均12.8%)、他国に比べて、教員が校内において指導を受けている。また、同時に、教員への組織内指導者を務める教員の割合も高い。

○このように、日本では、他の参加国と比較して、校内に指導する教員がいる

中で、教員が支援を受けることが可能な状況があるが、これは、日本の学校における校内研修や授業研究の実践が背景にあると考えられる。

○教員が過去の12か月以内に参加している研修の形態は、「課程（コース）・ワークショップ」、「教育に関する会議やセミナー」が参加国平均で一般的であるが、日本では、これらに加えて「他校の見学」が高く、日常的に校内及び他校への授業参観が積極的に行われている。（表4.1）

表4.1　過去12か月以内に受けた職能開発の形態

	課程（コース）/ワークショップ	教育に関する会議やセミナー	他校の見学
日本	59.8%	56.3%	51.4%
参加国平均	70.9%	43.6%	19.0%

○職能開発に関する教員のニーズについては、参加国平均では、「特別な支援を要する生徒への指導」、「指導用のICT（情報通信技術）技能」、「職場で使う新しいテクノロジー」について必要性が高いと感じたと回答した教員の割合が高い。日本では、これらに加えて、「担当教科等の分野の指導法に関する能力」、「担当教科の分野に関する知識と理解」、「生徒への進路指導やカウンセリング」、「生徒の行動と学級経営」など、全体的に職能開発へのニーズが高い傾向にある。

○教員の職能開発への参加の障壁としては、参加国平均では「職能開発の日程が自分の仕事のスケジュールと合わない」が多いが、日本では平均を更に大きく上回っており（日本86.4%、参加国平均50.6%）、職務が多忙であることが職能開発への参加を困難にしている状況である。また、日本では、「費用が高すぎる」（日本62.1%、参加国平均43.8%）、「雇用者からの支援の不足」（日本59.5%、参加国平均31.6%）の割合も高い。（表4.2）

表4.2 職能開発の参加の障壁

	日 本	参加国平均
参加者要件を満たしていない (資格、経験、勤務、年数など)	26.7%	11.1%
職能開発の費用が高すぎる	62.1%	43.8%
雇用者からの支援の不足	59.5%	31.6%
職能開発の日程が仕事のスケジュールに合わない	86.4%	50.6%
家族があるため時間が割けない	53.4%	35.7%
自分に適した職能開発がない	37.3%	39.0%
職能開発に参加する誘因 (インセンティブ) がない	38.0%	48.0%

※職能開発の参加に当たって、各項目が「非常に妨げになる」、「妨げになる」、「妨げにならない」、「全く妨げにならない」の4つの選択肢のうち、「非常に妨げになる」又は「妨げになる」と回答した教員の割合

● 指導実践、教員の信念、学級の環境 (第6章)

＜指導実践＞ (表6.1)

○ OECDが質問紙調査で示した八つの指導実践のうち、参加国平均で最も良く行われているものは「前回の授業内容のまとめを示す」と「生徒のワークブックや宿題をチェックする」があり、日本においても同様である。

○ 一方、「生徒は完成までに少なくとも一週間を必要とする課題を行う」、「生徒は課題や学級での活動にICTを用いる」、「学習が困難な生徒、進度が速い生徒には、それぞれ異なる課題を与える」、「生徒が、少人数のグループで、問題や課題に対する共同の解決策を考え出す」ことなどを頻繁に行う教員の割合は、参加国平均でも日本でも低い。

○ 日本では、職能開発の活動の中で、他校の見学に参加したことのある教員ほど、また、関心があるテーマについての個人又は共同研究、組織内指導 (メンタリング) や同僚の観察とコーチングといった職能開発に参加したことがある教員ほど、少人数のグループ活動で共同の解決策を考え出すことを行う頻度が高いと回答する傾向がある。

表6.1　指導実践

	日　本	参加国平均
前回の授業内容のまとめを示す	59.8%	73.5%
生徒が少人数のグループで、問題や課題に対する共同の解決策を考え出す	32.5%	47.4%
学習が困難な生徒、進度が速い生徒には、それぞれ異なる課題を与える	21.9%	44.4%
新しい知識が役立つことを示すため、日常生活や仕事での問題を引き合いに出す	50.9%	68.4%
全生徒が単元の内容を理解していることが確認されるまで、類似の課題を生徒に演習させる	31.9%	67.3%
生徒のワークブックや宿題をチェックする	61.3%	72.1%
生徒は完成までに少なくとも一週間を必要とする課題を行う	14.1%	27.5%
生徒は課題や学級での活動にICT（情報通信技術）を用いる	9.9%	37.5%

※各項目を行う頻度として、「ほとんどいつも」、「しばしば」、「時々」、「ほとんどなし」の
　4つの選択肢のうち、「ほとんどいつも」又は「しばしば」と回答した教員の割合

＜指導・学習に関する信念＞

○日本の教員の多くは、

　「教員として私の役割は、生徒自身の探求を促すことである」

（日本93.8%、参加国平均94.3%）

　「生徒は、問題に対する解決策を自ら見出すことで、最も効果的に学習する」

（日本94.0%、参加国平均83.2%）

　「生徒は、現実的な問題に対する解決策について、教員が解決策を教える前
　　に、自分で考える機会が与えられるべきである」

（日本93.2%、参加国平均92.6%）

　と考えている。

○「特定のカリキュラムの内容よりも、思考と推論の過程の方が重要である」
　ということについては、参加国平均をやや下回る。

（日本70.1%、参加国平均83.5%）

＜教員の仕事の時間配分＞（表6.2）

○日本の教員の1週間当たりの勤務時間は参加国最長（日本53.9時間、参加国
平均38.3時間）。

○このうち、教員が指導（授業）に使ったと回答した時間は、参加国平均と同程
度である一方、課外活動（スポーツ・文化活動）の指導時間が特に長い（日本
7.7時間、参加国平均2.1時間）ほか、一般的事務業務（日本5.5時間、参加国
平均2.9時間）、学校内外で個人で行う授業の計画や準備に使った時間（日本
8.7時間、参加国平均7.1時間）等も長い傾向にある。

表6.2 教員の仕事の時間配分

	日 本	参加国平均
仕事時間の合計	53.9時間	38.3時間
指導（授業）に使った時間	17.7時間	19.3時間
学校内外で個人で行う授業の計画や準備に使った時間	8.7時間	7.1時間
学校内で同僚との共同作業や話し合いに使った時間	3.9時間	2.9時間
生徒の課題の採点や添削に使った時間	4.6時間	4.9時間
生徒に対する教育相談に使った時	2.7時間	2.2時間
学校運営業務への参画に使った時間	3.0時間	1.6時間
一般的事務業務に使った時間	5.5時間	2.9時間
保護者との連絡や連携に使った時間	1.3時間	1.6時間
課外活動の指導に使った時間	7.7時間	2.1時間
その他の業務に使った時間	2.9時間	2.0時間

※直近の「通常の一週間」において、各項目の仕事に従事した時間の平均。「通常の一週間」
とは、休暇や休日、病気休業にどによって勤務時間が短くならなかった一週間とする。
週末や夜間などの就業時間以外に行った仕事を含む。

＜教員間の協力＞

○日本では、「他の教員の授業を見学し、感想を述べることを行っていない」と
回答した割合は他の参加国に比して極めて低い。これは、授業研究等の校内
研修が広く行われている現状と一致するものである。

（日本6.1％、参加国平均44.7％）

＜学級の環境＞

○学級の規律的雰囲気について、我が国は参加国平均に比べて良好な結果を示

している。例えば、「生徒が授業を妨害するため、多くの時間が失われてしまう」と回答した教員の割合は、参加国中で最も低く、「教室内はとても騒々しい」も参加国中2番目に低い。（表6.3）

表6.3　学級の規律的雰囲気表

	日　本	参加国平均
授業を始める際、生徒が静かになるまでかなりまたなければならない	14.7%	28.8%
この学級の生徒は良好な学習の雰囲気を創り出そうとしている	80.6%	70.5%
生徒が授業を妨害するため、多くの時間が失われてしまう	9.3%	29.5%
教室内はとても騒々しい	13.3%	25.6%

※対象学級（回答日の前の週の火曜日の午前11時以降最初に教えた学級）について、以上のことが「当てはまる」又は「非常に良く当てはまる」と回答した教員の割合。

●教員の自己効力感と仕事に対する満足度（第7章）

○日本の教員は、学級経営、教科指導、生徒の主体的学習参加の促進のいずれかの側面においても、高い自己効力感を持つ教員の割合が、参加国平均を大きく下回る。その中でも特に、「生徒の批判的思考を促す」、「生徒に勉強ができると自信を持たせる」、「勉強にあまり関心を示さない生徒に動機付けをする」、「生徒が学習の価値を見いだせるよう手助けする」など生徒の主体的学びを引き出すことに関わる事項について、参加国平均より顕著に低い。

　※調査では、教員に対し、各項目がどの程度できているかについて質問し、「非常に良く」できている、「かなり」できている、「ある程度」できている、「全く」できていないの4項目のうち、「非常に良く」及び「かなり」できている、とした回答について、高い自己効力感を示している、と整理している。

○但し、このような結果が出た理由として、日本の教員が他国の教員に比べ、指導において高い水準を目指しているために自己評価が低くなっている可能性、実際の達成度にかかわらず謙虚な自己評価を下している可能性もある。

　※日本の教員は、いずれの項目についても「ある程度」できる、と回答した割

合が高い。また、表6.3（前頁）に示す通り、日本は、学級の規律的雰囲気が最も良好な国の1つであるが、表12.1では、学級運営について高い自己効力感を示す教員の割合が参加国平均を下回っている。

○なお、日本を含む多くの参加国では、教員の自己効力感は、「年に5回以上、専門性を高めるための勉強会に参加する」、「年に5回以上、他の教員の授業を見学し、感想を述べる」など、教員間の協力や協働を行った場合に統計的に有意に高い。

表7.1　教員の自己効力感【学級運営について】

	日　本	参加国平均
学級内の秩序を乱す行動を抑える	52.7%	87.0%
自分が生徒にどのような態度・行動を期待しているか明確に示す	53.0%	91.3%
生徒を教室のきまりに従わせる	48.8%	89.4%
秩序を乱す又は騒々しい生徒を落ち着かせる	49.9%	84.8%

表7.2　教員の自己効力感【教科指導について】

	日　本	参加国平均
生徒のために発問を工夫する	42.8%	87.4%
多様な評価方法を活用する	26.7%	81.9%
生徒がわからない時は、別の説明の仕方を工夫する	54.2%	92.0%
様々な指導方法を用いて授業を行う	43.6%	77.4%

表7.3　教員の自己効力感【生徒の主体的学習参加の促進について】

	日　本	参加国平均
生徒に勉強ができると自信を持たせる	17.6%	85.8%
生徒が学習の価値を見いだせるよう手助けする	26.0%	80.7%
勉強にあまり関心を示さない生徒に動機付けをする	21.9%	70.0%
生徒の批判的思考を促す	15.6%	80.3%

○日本の教員の現在の職務状況や職場環境への満足度は、全体として、参加国平均を下回っているものの、「全体とし見れば、この仕事に満足している」と

回答する教員の割合は高い（日本85.1％、参加国平均91.2％）。職業としての教職への満足度については、参加国平均と大きな差はない。

○日本では、他の多くの参加国とは反対に、女性の教員よりも男性の教員の自己効力感が高く、また、仕事への満足度も高い傾向にある。また、日本を含めて全体として、勤務年数が5年より長い教員は5年以下の教員に比べ、自己効力感は高いが仕事への満足度は低い傾向が見られる。

課題 この章で紹介したOECDが実施した「国際教員指導環境調査」結果（2013）を踏まえて日本の「教職」の職業的特徴をまとめる。

＜参考・引用文献＞
本文中に示した。

＊章末に本章で説明した「国際教員指導環境調査（TALIS）」の結果概要を掲載したので参考にされたい。

○34か国・地域が参加するOECD調査
○日本は中学校約200校の校長、教員(非正規含む)を対象にアンケート調査(国公立90%、私立10%)

我が国の教員(前期中等教育段階)の現状と課題
– 国際教員指導環境調査(TALIS)の結果概要 –

日本 ／ 参加国平均

校内研修等で教員が日頃から共に学び合い、指導改善や意欲の向上につながっている

➤ 日本の学校には教員が学び合う校内研修、授業研究の伝統的な実践の背景があり、組織内指導者による支援を受けている割合、校長やその他の教員からフィードバックを受けている割合が高い。

➤ 教員間の授業見学や自己評価、生徒対象の授業アンケートなど多様な取組の実施割合が高い。

➤ これらの取組の効果として、指導実践の改善や仕事の満足度、意欲等の面で好影響があると回答している教員の割合が参加国平均よりも高い。

<授業見学の実施状況>

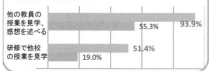

他の教員の授業を見学、感想を述べる 55.3% / 93.9%
研修で他校の授業を見学 51.4% / 19.0%

研修への参加意欲は高いが、業務多忙や費用、支援不足が課題

➤ 日本の教員は公式の初任者研修に参加している割合が高く、校内研修が盛んに行われている。

➤ 日本では、研修へのニーズが全体的に高いが、参加への障壁として業務スケジュールと合わないことを挙げる教員が特に多く、多忙であるため参加が困難な状況がある。

<研修参加への妨げ>

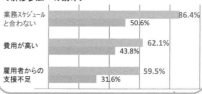

業務スケジュールと合わない 86.4% / 50.6%
費用が高い 62.1% / 43.8%
雇用者からの支援不足 59.5% / 31.6%

教員は、主体的な学びを引き出すことに対しての自信が低く、ICTの活用等の実施割合も低い

<主体的な学びの引き出しに自信を持つ教員の割合>

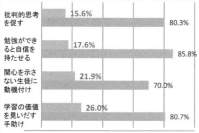

批判的思考を促す 15.6% / 80.3%
勉強ができると自信を持たせる 17.6% / 85.8%
関心を示さない生徒に動機付け 21.9% / 70.0%
学習の価値を見いだす手助け 26.0% / 80.7%

<各指導実践を頻繁に行っている教員の割合>

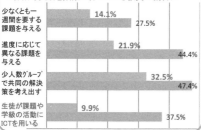

少なくとも一週間を要する課題を与える 14.1% / 27.5%
進度に応じて異なる課題を与える 21.9% / 44.4%
少人数グループで共同の解決策を考え出す 32.5% / 47.4%
生徒が課題や学級の活動にICTを用いる 9.9% / 37.5%

教員の勤務時間は参加国中で断トツに長い!人員不足感も大きい

➤ 教員の1週間当たりの勤務時間は最長。

➤ 授業時間は参加国平均と同程度であるが、課外活動(スポーツ・文化活動)の指導時間が特に長く、事務業務、授業の計画・準備時間も長い。

➤ 教員や支援職員等の不足を指摘する校長も多い。

<1週間あたりの勤務時間> (時間)

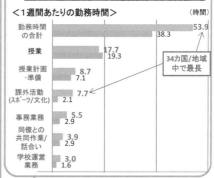

勤務時間の合計 53.9 / 38.3
授業 17.7 / 19.3
授業計画・準備 8.7 / 7.1
課外活動(スポーツ/文化) 7.7 / 2.1
事務業務 5.5 / 2.9
同僚との共同作業/話し合い 3.9 / 2.9
学校運営業務 3.0 / 1.6

34カ国/地域中で最長

<今後の取組の方向性>
◆養成・採用・研修の抜本的改善による教員の資質向上
◆学習指導要領が目指す教育の推進
◆ICTを活用した教育の強力な推進
◆教職員等指導体制の充実が必要

第5章　教職観の変遷と今日の教員に求められている役割（1）

> 第5章と第6章は、「教職観の変遷と今日の教員に求められている役割」の理解を進めることをねらいとしている。本章ではある調査結果からかいまみえる現代の「教職観」を、そして、次章においては、現在のそれに至る教員養成の歴史を概観する。

　　ここに、HATOプロジェクト・教員の魅力プロジェクトの調査結果がある（※1）。「教職」に対する今日的な理解を深めることのできる貴重な調査である。まず、その調査結果を用いたベネッセ教育総合研究所のレポートをここに引用する。

（※1）
文部科学省国立大学改革強化推進補助金「大学間連携による教員養成の高度化支援システムの構築—教員養成ルネッサンス・HATOプロジェクト—」教員の魅力プロジェクト（主幹大学：愛知教育大学）、「教員のイメージに関する子どもの意識調査」、2014年。
（https://www.aichi-edu.ac.jp/center/hato/project/p4.html）

教師は、子どもたちや保護者にとって、社会や国にとって、どのような存在だろうか。

　　教育再生実行会議による第七次提言「これからの時代に求められる資質・能力と、それを培う教育、教師の在り方について」（平成27年5月14日）では、「教師がキャリアステージに応じて標準的に修得することが求められる能力の明確化を図る育成指標」を策定することが示された。教師は、「これからの時代を生きる人たちに必要とされる資質・能力」（①主体的に課題を発見し、解決に導く力、志、リーダーシップ、②創造性、チャレンジ精神、忍耐力、自己肯定感、③感性、思いやり、コミュニケーション能力、多様性を受容する力）を、「これからの時代を見据えた教育内容・方法」によって実践する存在であり、その指導力とともに、教師自身もこうした「資質・能力」（①〜③）を有するべきであるとされた。

　　教師は、社会において、子どもの学びを援助し保障する第一の存在であろう。

しかし、今日の急激な社会変化のもとでは、教師は、上記も含め、社会変化がもたらすさまざまな可能性と諸問題に対応しながら、子どもとともにそれを乗り越えるという、より高度な実践を遂行する存在であることが求められ、その能力が測られようとしている。

では一方で、学びの当事者である子どもたちにとって、教師はどのような存在だろうか。教師に対して、保護者、社会、国から、さまざまな期待とその裏返しとしての批判が寄せられている今日において、もっとも身近で教師をみている子どもたちの声から、教師という存在や、教師のあり方を考えてみたい。

取り上げるのは、ベネッセ教育総合研究所が、HATOプロジェクト・教員の魅力プロジェクトからの委託を受けて実施した「教員のイメージに関する子どもの意識調査」の結果である。本調査は、昨年 (2014年) 12月に、愛知県の公立の小学6年生、中学3年生、高校3年生 合計約2,000人を対象に実施したもので、子どもたちに、①「先生」の仕事に対するイメージ、②求める教員像(「尊敬する先生」など)、③職業観(「先生になりたいか」など)を主に尋ねている。「教員」という仕事に対する子どもたちの意識をとらえられるのが特徴である。

「先生」の仕事のイメージは、大変だが子どもや世の中のためになる仕事

まず、子どもたちは、「先生」の仕事をどのような仕事だと思っているのだろうか。

図1をみると、小学6年生・中学3年生・高校3年生(以下、小・中・高校生と記す)の9割前後が、「忙しい仕事」「苦労が多い仕事」「責任が重い仕事」と回答している(「とてもあてはまる」+「まああてはまる」の合計、以下同様)。それと合わせて、「子どものためになる仕事」「世の中のためになる仕事」という回答も8割台〜9割で、子どもたちは「先生」の仕事を、子どもや世の中のためになる大切な仕事だととらえている。

一方で、「給料が高い仕事」(4割台)、「やりたいことが自由にできる仕事」(2割台〜3割)、「休みが多い仕事」(1〜2割)と回答する比率は低い。

もっとも身近で教師をみている子どもたちは、「先生」の仕事の社会的意味とその大変さを感じているといえよう。

図1 「学校の先生」の仕事はどんな仕事だと思いますか

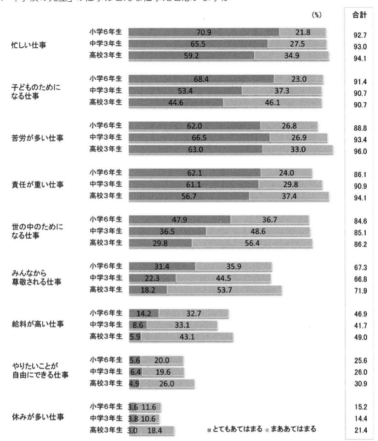

※「あまりあてはまらない」「まったくあてはまらない」、無回答・不明は省略している。
※「楽しい仕事」「頭いい人がつく仕事」「人気がある仕事」の3項目は省略している。

尊敬する先生は、小学生は「授業（教え方）がわかりやすい」先生、小・中・高校生共通しているのは「困ったときに相談できる」先生

では、子どもたちは、「先生」のどこに魅力を感じているのだろうか。

まず、今までに出会った先生（幼稚園や保育所の先生、学習塾や習い事の先生も含む）のなかで尊敬している先生がいるかどうかを尋ねたところ（図2）、半数以上の子どもたちが、尊敬している先生が「いる」と回答している。女子は、小・中・高校生とも「いる」の比率が7割前後で、小・中学生の男子（5割台）との差が大きい。

また、尊敬している先生が「いる」と回答した子どもに、何の先生かを尋ねたところ（図表省略）、小学生は、「小学校の先生」（58%）、「学習塾や習い事の先生」（32%）、中学生は、「中学校の先生」（48%）、「学習塾や習い事の先生」（27%）、「小学校の先生」（17%）、高校生は、「高校の先生」（38%）、「中学校の先生」（37%）の比率が高く、現在および前の学校段階の先生や、学習塾・習い事の先生があげられている。

図2　あなたには、尊敬している先生がいますか

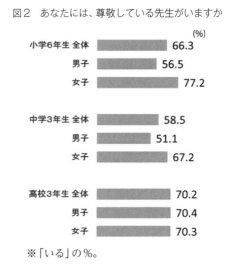

※「いる」の％。

次に、子どもたちが尊敬している先生の特徴をみると（図3）、小学生は、「授業（教え方）がわかりやすい」（8割台）、「わかるまで教えてくれる」（7割台）の比率が高く、「わかる」ことへの指導が重要な要素となっている。また、小学生は、中・高校生に比べて、「友だち（仲間）の大切さを教えてくれる」「クラスのまとまりを大切にする」「学校などのきまりやルールを守るように言う」（6割前後）など、友だちや学校生活について指導してくれる先生を尊敬している。一方、中・高校生がもっとも重視しているのは、「どの子どもにも公平に接する」ことである（6割強）。また、小・中・高校生に共通しているのは、「困ったとき

に相談できる」（6割強）、「自分に期待してくれる」（5割台）など、自分を見守り、寄り添ってくれる先生である。

　また、さらに具体的に、尊敬している先生とのエピソードを尋ねると（表1）、子どもたちは、図3であげられたような授業、友だち関係、クラスなどの場面や、自分の状況・悩みなどに対して、優しく、おもしろく、あきらめずに、そしてときに厳しく、自分たちを信じて、真剣に向き合ってくれる先生を尊敬していることがわかる。子どもたちは、先生の人間性や責任感、情熱などを伴った専門性に対して、魅力を感じているといえよう。

図3　尊敬している先生はどのような先生ですか

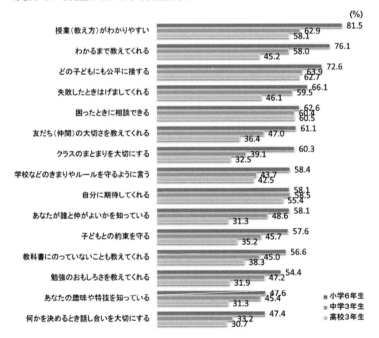

※複数回答。
※尊敬している先生が「いる」と回答した人のみに尋ねている。

表1　先生を尊敬している理由

小学6年生	私は勉強とか全然できないし、あまり好きじゃなかったけど、その先生は私に勉強の楽しさを教えてくれた。
	どうしたら授業が分かりやすくなるかを考えている。そのために自分が勉強している。
	友だちとケンカしたときにやさしくはげまし、話し合いのじかんをつくってくれる。
	いじめられている子を守る。
	だめなことはつよくしかってくれるし、いいことはえらいねといってくれる。
	すごく話し方もおもしろいし、みんなのこともよくわかっている。しかもすごくたのしいこともおしえてくれる。
	自分のことをとてもよく知っていて、失敗したときにはげましてくれた。
	私に期待してくれていて、ときには厳しく、ときにはやさしくしてくれたし、私の実力をのばそうとがんばってくれた。
	学級目標を決める時、「自分達で、決めなさい」と言ってぼくたちの事を信らいしてくれていた。言っている事が理解できた。
中学3年生	授業がとても楽しい。とても話がしやすい。でも時にはすごく熱血。
	友だちとケンカしたときに親切になぐさめてくれてその友だちとこれからも仲よくできるようにしてくれた。
	部活中だったり、忙しい時だったりしても、しかるべきところはしっかりとしかってくれる先生。
	小さいことでも何かあったらはげましてくれるし、褒めてくれるからです。それと生徒の気持ちもわかってくれる先生だからです。
	先生はえらそうにしないで、生徒と同じ目線をもってくれている。いっしょに成長できるかんじの先生だと思う。
	クラス36人いるのに、1人1人のことをしっかり見ていて、元気がないときはさりげなく声をかけてくれる。
	私たちこどもの意見を尊重してくれた人だったから。
	目標をつくり、その目標にむけてがんばらせてくれた。
	クラスのまとまりを大事にしていて、実際にまとまっていたから。
	その先生が話し始めるとみんなが静かになる。説得力もあって面白い。
	毎日笑顔で、冷静さを失わない。人に言う前に自分で行動して見せる人。
高校3年生	授業後、わからないとこを、僕が完全に理解するまで、何度も教えてくれた。
	授業の質をあげるために自分で研究したりとかしてて、すごく良い授業をしてくれる。たまにおもしろいはなしをする。
	勉強が社会で生きていく上でとても大切なことなど、クラスや学校を超えて、今後のことを考える機会をたくさん与えてくださいました。
	部活の指導が熱心。情熱を持って生徒1人1人に接している。
	自分が困っていたときに、話をちゃんと聞いてくれて、その上で先生の意見を伝えてくれたとき。色々なことを考えてくれている。
	本当にネガティブで人見知りで何もできなかった自分が、いきなり学級委員をやり出すくらいに変えてくれました。
	今までで一番しかってくれた人。生徒に嫌われるのをおそれずに最後まで自分のために一生懸命ぶつかってくれた。
	行事を大切にする。クラスを団結させてくれる。
	どの生徒にも平等に優しく接していて、いろいろ教えてくれた。
	いるだけで安心感がある。

※尊敬している先生が「いる」と回答した人のみに尋ねている。
※図3の項目に関わる内容を中心に、主なものを選んで示した。

上記のことは、子どもたちが「先生」に必要だと思うこと（先生に求めている力・資質）に対する回答とも共通している（図4）。「とても必要」の比率に着目すると、子どもたちは先生に、「授業がわかりやすい」こと、「受験勉強の指導ができる」ことを必要としているほか、それに次いで、「気軽に話しかけやすい」「児童・生徒の意見をよく聞く」、「児童・生徒が困ったときに相談にのる」など、教師との関係性を重視している。

図4　「学校の先生」には、次のことがどれくらい必要だと思いますか（中学3年生）

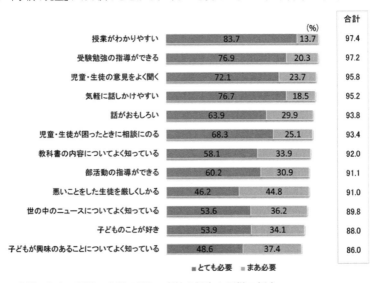

※中学3年生の回答。小学6年生、高校3年生も同様の傾向。
※「あまり必要ない」「まったく必要ない」、無回答・不明は省略している。
※「受験勉強の指導ができる」「部活動の指導ができる」は中・高校生のみに尋ねている。

教師という仕事の意味と魅力

　このような子どもたちの声からどのようなことがみえてくるだろうか。

　1つには、社会において、教師という存在やその仕事の意味があらためて問われることは少ないが、もっとも身近で教師をみている子どもたちの多くは、教師の仕事の多忙さ、責任の重さとともに、社会的意味を感じているというこ

とである。子どもたち自身が、「子どものためになる仕事」と評価していることも興味深い。教師に対する批判が多いなか、大人や教師には、これを教師に期待して、教師を応援する声と受け取り、教師の仕事の意味を再認識してほしい。

　２つには、教師の専門性は、授業だけでなく、児童・生徒のさまざまな指導（生活指導、進路指導など）、学級づくり、学校運営、保護者や地域との関係などと幅広いが、教師は、それらの仕事に、人間性や責任感、情熱などを持って向き合っており、子どもたちはそういう教師たちに魅力を感じているということである。教師は、めまぐるしい１日のなかでも、子どもとの関係を築き、寄り添いながら仕事をしている。国が示すように、教師の仕事には、社会の変化に応じて変わらなければならない部分も多くあるだろうが、このような丹念な教師のあり方は、人を育てる仕事において欠くことのできない、変えられない部分である。子どもたちの生活現実が多様化するなど、さまざまな困難な問題が生じているなか、教師にはこれまで以上の力が求められるだろうが、教師には今後も教育の専門家として学び続け、このような魅力を高めてほしい。また国は、教師の勤務時間の長さ・業務量の多さの解消なども含め、教師が学び続けられる環境を整える必要があるだろう。

　以上、教師の間近にいる子どもたちの声から「教師」の仕事ぶりを考える貴重な資料である。自分たちが小学校、中学校、高等学校の児童生徒であったときの先生方はどのように自分たちの目に映っていたのかをふりかえり、思い出して考えてみてはいかがか。

課題　ベネッセ教育総合研究所のレポートを読んで、まず、自分の感想や意見をまとめる。次に他の学生と意見交換をして自分の感想や意見をもう一度見直す。

＜出典＞
ベネッセ教育総合研究所、ベネッセのオピニオン第70回「子どもたちの声から『教師』の仕事の意味と魅力を考える―HATOプロジェクト・教員の魅力プロジェクト『教員のイメージに関する子どもの意識調査』より」、2015年06月05日掲載。
(https://berd.benesse.jp/shotouchutou/opinion/index2.php?id=4644)

第6章　教職観の変遷と今日の教員に求められている役割（2）

第6章は、前章に引き続き、まず、「教員養成の歴史」、終後直後の「教育刷新委員会の建議」、「開放制教員養成制度の始まり」、「その後の免許法改正」、「これからの教員養成制度の方向性」などを概観して、教職観の変遷と今日の教員に求められている役割を確認する。

1. 教員養成の歴史

　教職観の変遷、変容には教員養成の在り方も起因している。まず、確認しておく必要があるのは、戦前の教員養成制度である。戦前の教員養成機関は各都道府県に配置されていた師範学校で小学校の教員養成を行い、東京・広島・奈良に設置されていた高等師範学校が旧制中学校・師範学校の教員養成を担っていた。東京・広島・奈良に設置されていた高等師範学校は、現在の筑波大学、広島大学、奈良教育大学である。筑波大学は1973年開学した新構想の大学であり、前身の東京教育大学は1978年（昭和53年）に閉学した。

　また、旧制中学校とは、戦前、義務教育は小学校6年生までであった。卒業後上級学校である中学校へ進学を希望するものは入学試験を受験進学した。修学期間はほぼ5年間であった。ここで、師範学校から国立大学教員養成学部への変遷とその後の動向を知るために、香川大学教育学部の沿革史を確認したい。

　　明治7年（1874年）9月1日
　　　師範成章学校が設立され、香川の地で小学校教員養成が始まる。
　　明治22年（1889年）
　　　香川県尋常師範学校設立される。
　　明治30年（1987年）
　　　香川県師範学校と改称。
　　昭和19年（1944年）
　　　香川青年師範学校設立される。（香川県立青年学校教員養成所から名称変更）
　　香川大学の発足（1949年）

香川大学は、昭和24年5月31日国立学校設置法により、香川師範学校・香川青年師範学校を母体に学芸学部及び高松経済専門学校を母体として経済学部の2学部をもって発足

昭和41年（1966年）4月1日

国立学校設置法の一部を改正する法律により学芸学部が教育学部に改められた。

平成4年（1992年）4月1日

香川大学大学院教育学研究科（修士課程）を設置した。

平成28年（2016年）4月1日

香川大学大学院教育学研究科（修士課程）に、高度教職実践専攻（教職大学院）を設置した。

　師範学校は、卒業後教職に就くことを前提に授業料がかからないのみならず生活も保障されたので、優秀でも貧しい家の子弟への上級学校進学の途を開いていた。師範学校へ入学するには、義務教育である小学校を卒業して入学する場合、また、旧制中学校を卒業して入学する場合があった。師範学校→高等師範学校→文理科大学というコースをたどれば、学費無料で中（等）学校→高等学校→帝国大学というルートに匹敵する教育が受けられたため、経済的な理由で進学を断念せざるをえない優秀な人材を多く吸収した。

　しかし、第2次世界大戦後、戦前の師範教育が批判に晒される。師範学校出身者の教員の性格を「師範タイプ（師範型）」あるいは「教員タイプ」としてこれを批判する声があった。その特徴として、「明朗闊達の気質を欠き、視野が狭く、偽善的であり、陰湿、卑屈、偏狭」といった性格が指摘された。

　一方で、師範学校出身の教師に対す評価として、「教育に対する使命感があり、子どのたちへの愛情にあふれ、真面目で、清貧な生活をおくり、また、実践的な教育技術に長けている」などの評もあり、前述のような非難ばかりがあてはまるものではないと考えられる。

2. 教育刷新委員会の建議

　1946年（昭和21）年8月に内閣に設置された教育刷新委員会は、戦後の教員

養成制度について議論を重ねその方向性を打ち出している。それは、1947年（昭和22）年11月6日、第34回総会において、「教員養成に関すること（その一）」として採択、建議されてている。その詳細は、ここでは省略するが、このことが、戦後の教員養成制度の基礎を形成した。

3. 開放制教員養成制度の始まり

　開放制教員養成制度は、国立大学だけではなく公立大学、私立大学のいずれにおいても教員養成が可能であり、教員養成を目的とする大学以外でも教員養成が可能となる制度のことである。これは、1949年（昭和24）年5月の教育職員免許法の成立によって確立、実施されることとなる。

1）　教育職員免許法の変遷

　1949年（昭和24）年に教育職員免許法が成立したことにより開放制教員養成制度が始まった。しかし、5年後の1954年（昭和29）年6月には同法改正により「課程認定制度」が導入された。これにより教員免許状の授与が可能な教職課程を文部大臣（当時、現在は文部科学大臣）が認定することができるようになった。この課程認定という制度が導入された背景には、戦後、新制大学が発足し、一般の大学においても教員養成のための教職課程がおかれたが、その内容が十分ではないとの判断があった。

　具体的には、教職に関する専門科目（教育原理、教育心理学、教科教育法）については全国的に一律の教育が行われていた一方で、教科に関する専門科目においては、それぞれの大学学部の専門教育科目の単位が安易に振り替えられ単位充足を認める、という状態があった。このことから、開放制免許制度に対して一定の質的な水準の確保と維持が必要であるという観点からこの制度、課程認定制度が整備されるに至った。

2）　臨時教育審議会答申

　課程認定制度が整備されてから約20年以上を経て、1984年8月8日、臨時教育審議会設置法が公布され臨時教育審議会が設置された。臨時教育審議会は、当時の中曽根康弘首相の主導で、政府全体として長期的な観点から広く教育問題を議論した。「臨教審」と略されることが多い。

　運営に当たっては「二十一世紀を展望した教育の在り方」（第一部会）、「社会

の教育諸機能の活性化」（第二部会）、「初等中等教育の改革」（第三部会）、「高等教育の改革」（第四部会）を議論する4つの部会が設けられ、議論のまとまったものから4次にわたって答申が出された。これらの答申に基づき、大学入学資格の弾力化、学習指導要領の大綱化、秋期入学制、文部省の機構改革など教育全体にわたる様々な施策が実施された。それらの一部は、現在にまで影響を及ぼしているものもある。4つの答申は次の通り。

・第1次答申（1985年）「我が国の伝統文化、日本人としての自覚、六年制中等学校、単位制高等学校、共通テスト」
・第2次答申（1986年）「初任者研修制度の創設、現職研修の体系化、適格性を欠く教師の処遇」
・第3次答申（1987年）「教科書検定制度の強化、大学教員の任期制」
・第4次答申（1987年）「個性尊重、生涯学習、変化への対応」

　特に、1986年8月の第2次答申は、現在にもつながる教員の資質向上を打ち出している。その内容の概要は次の4点である。
①教員養成・免許制度の改善について、開放制を維持しながら、教職課程の改善と社会人の活用を提案した。教職課程は、教科・教職科目の内容を見直し、初任者研修と関連づけて教育実習を見直す。社会人のためには半年から1年間の教職課程を設ける。人材確保のために免許制度の柔軟化を図り、社会人登用のための特別免許状を設けることなどとした。
②教員採用の改善について、採用に関する選考方法については、面接や教育実習の評価等を含む多様化を提案した。また、採用の内定時期をできるだけ早めることも含まれていた。
③初任者研修制度の創設について、新任教員に実践的指導力と使命感を培うために、1年間指導教員の下での実務と研修を義務づけることを提案した。試補制度（補説）に代わるものとして提唱された。
④現職研修の体系化、研究助成や顕彰制度について、校内研修を基盤としながらも、多様な研修を体系化し、教職生活の一定年限ごとの研修制度を整備することが提唱された。

この臨時教育審議会答申を受け、て1988年（昭和63）年教育職員免許法改正が行われた。この改正では2つの改正が行われた。

　第一に、免許状の種類が変更された。1949年（昭和29）年の成立以来、免許状は、これまでの「1級」、「2級」という2つの区分からなっていたが、「専修」（修士）、「1種」（学士）、「2種」（準学士）の3つに分けられた。これは、多くの国立大学の教員養成系大学・学部に修士課程が設置され、上級免許状を設置するすることが求められていたからである。

　第二に、社会人活用のために特別免許状を新設した点である。この免許状は、普通免許状とは異なり期限付きのものである。また、免許状がなくとも社会人が教育活動に取り組むことを可能とする特別非常勤講師制度も新設された。

（補説）試補制度について：

　教師になるための基礎資格を得た者について一定期間学校で研修を行わせた後、その成績や試験などに基づいて正規の教員免許状を付与し採用するものであり、研修制度としての側面と採用制度としての側面を併せ持つ制度。

　わが国においては、教員試補制度が実際の制度として成立したことはないが、明治以来、繰り返しその制度化が提言されてきた。今後も同様に検討の俎上に上がる可能性がある。近年では、昭和59年11月の臨時教育審議会第3部会の第3回会合において検討された。しかし、経費の問題や、試補期間終了後、不適格として辞めさせることは日本の雇用慣行になじまないなどの理由で反対論が出された。その結果、それまでの「試補制度」ではなく、研修機能を全面に出した「初任者研修制度」へと方針転換が行われ、現在のような初任者研修制度が発足することとなったのである。

4. その後の免許法改正

　1998年（平成10）年、教育職員免許法の小規模な改正が行われ、「総合的な学習の時間」の新設にともなう「総合演習」の新設、特別免許状の有効期間を5年以上から10年以内にするとともに授与できる教科が全教科に拡大された。また、特別非常勤更新手続きが簡素化されている。

　次の改正は、2007年6月であり直接的な影響を受けたのは、中央教育審議会

答申「今後の教員養成・免許制度の在り方について」（2006年）である。答申では、教員が尊敬と信頼を得るためには、養成課程と免許制度が社会の信頼に足り得るものでなければならないとし、①大学の教職課程を教員として最小限に必要な資質能力を確実に身につけさせるものに改革する、②教員免許状を教職生活の全体を通じて、教員として最小限必要な資質能力を確実に保証するものに改革する、という方向性を示した。その上で、具体策として、①教職課程の質的水準を向上させるため「教職実践演習」の新設・必修化、②「教職大学院」制度の創設、③教員免許更新制（第8章にて詳説）の導入、が提案された。これらを踏まえて教育職員免許法が改正され、①については、「総合演習」が廃止され「教職実践演習」に変更された。③については、普通免許状に10年間の有効期間が定められ、更新のためには30時間以上の免許更新講習を受講することが義務づけられた。講習を更新期間内に修了できなかった場合には免許状はその効力を失うこととされた。

5. 教育公務員特例法等の一部を改正する法律の概要

　教育公務員特例法が一部改正され平成29年4月1日に施行された。このことにより複数の関連法令も改正され順次施行されることとなる。これは今後の教員の在り方を左右する重要な改正であるので、その概要を確認したい。

○趣旨

　大量退職・大量採用の影響により経験の浅い教員が増加する中、教育課程・授業方法の改革への対応を図るため、教員の資質向上に係る新たな体制を構築する、ことが目指されている。

　具体の内容は次の通り。

○教育公務員特例法の一部改正

(1) 校長及び教員の資質向上に関する指標の全国的整備

・文部科学大臣は、以下に述べる教員の資質向上に関する指標を定めるための必要な指針を策定する。

・教員等の任命権者（教育委員会等）は、教育委員会と関係大学等とで構成する協議会を組織し、指標に関する協議等を行い、指針を参酌しつつ、校長及び教員の職責、経験及び適性に応じてその資質の向上を図るため

の必要な指標を定めるとともに、指標を踏まえた教員研修計画を定めるものとする。

(2) 十年経験者研修の見直し

十年経験者研修を中堅教諭等資質向上研修に改め、実施時期の弾力化を図るとともに、中堅教諭等としての職務を遂行する上で必要とされる資質の向上を図るための研修とする。

以上の改正が行われた。これに関連して教育職員免許法の一部改正とともに、独立行政法人教員研修センター法の一部も改正され、平成29年4月1日から、順次施行される。

〇教育職員免許法の一部改正

普通免許状の授与における大学において修得を必要とする単位数に係る科目区分を統合し、外国語の小学校特別免許状を創設する。

〇独立行政法人教員研修センター法の一部

業務に、教職員その他の学校教育関係職員に必要な資質に関する調査研究及びその成果の普及、任命権者が指標を定めようとする際の助言並びに教員免許状更新講習の認定、教員資格認定試験の実施及び教育職員免許法認定講習等の認定に関する事務を追加する（文部科学省から業務移管）とともに、その名称を「独立行政法人教職員支援機構」（平成29年4月1日以降）に改める、とした。

最後に、平成27年12月21日の中教審答申でまとめられた「新たな教育課題に対応した教員研修・養成」を章末に＜参考資料＞として掲載したので参考にされたい。

課題　本章の記述から、これからの教員に求められる役割や資質能力は何か。自分の考えを自分のことばでまとめよ。

＜参考・引用文献＞
中央教育審議会答申（2015）.「これからの学校教育を担う教員の資質能力の向上について」（2015（平成27）年12月21日）：東京　文部科学省

＜参考資料＞

新たな教育課題に対応した教員研修・養成

◆概要

新たな課題	研　　修	養　　成
アクティブ・ラーニングの視点からの授業改善	・特定の教科ではなく学校全体の取組としてアクティブ・ラーニングの視点に資する校内研修を推進 ・免許状更新講習の選択必修科目として主体的・協働的な学びの実現に関する科目を追加	・児童生徒の深い理解を伴う学習過程の理解や各教科の指導法の充実 ・教職課程における授業そのものをアクティブ・ラーニングの視点から改善
ICTを用いた指導法	・ICTを利活用した授業力の育成や、児童生徒のICTの実践的活用や情報活用能力の育成に資する指導のための研修を充実	・ICTの操作方法はもとより、ICTを用いた効果的な授業や適切なデジタル教材の開発・活用の基礎力の養成
道徳教育の充実	・「特別の教科」としての道徳科の趣旨を踏まえ、道徳科の目標や内容を理解し、児童生徒が議論する問題解決的な学習への一層の転換を図るなど計画的な研修の充実 ・道徳教育に関する校内研究や地域研究の充実、「道徳教育推進リーダー教師（仮称）」の育成	・「特別の教科」としての道徳科の趣旨を踏まえ、教職課程における理論面、実践面、実地経験面からの改善・充実
外国語教育の充実	・各地域の指導者となる「英語教育推進リーダー」の養成を推進し、小中高の接続を意識した指導計画の作成や学習到達目標を活用した授業改善などについて指導・助言を実施 ・免許法認定講習の開設支援等による小中免許状の併有促進	・大学、教育委員会等が参画して教員養成に必要なコアカリキュラムを開発し、課程認定や教職課程の改善・充実に活用 ・専門性を高める教科及び指導法に関する科目を教職課程に位置付け
特別支援教育の充実	・全ての教員を対象とした基礎的な知識・技能を身に付ける研修の実施 ・校長等管理職や特別支援学級の担任、特別支援学校教員等の職に応じた専門性向上ための研修の実施 ・（独）国立特別支援教育総合研究所と（独）教員研修センターとの連携による研修の推進	・発達障害を含む特別な支援を必要とする幼児・児童・生徒に関する理論及び指導法について、教職課程に独立した科目として位置付け

第7章　教員に求められる資質・能力（1）

第7章と第8章は、「教員に求められる基礎的な資質・能力」の理解を進める。このことについては、中央教育審議会において、平成18年以来、平成27年12月21日の答申まで少なくとも3回の答申がある。その概要を辿ることで教員に求められている資質・能力についての理解を深める。

●教員の資質能力に関わる答申及び提言

　中央教育審議会答申の概要を確認する。答申は次の3点ある。本章は文部科学省関係文書を引用している。

・中央教育審議会答申「今後の教員養成・免許制度の在り方について」
　（平成18年7月）
・中央教育審議会答申「教職生活の全体を通じた教員の資質能力の総合的な
　向上方策について」（平成24年8月28日）
・中央教育審議会答申「これからの学校教育を担う教員の資質能力の向上に
　ついて」（平成27年12月21日）

教育再生実行会議提言については次の2点がある

・教育再生実行会議第五次提言「今後の学制等の在り方について」
　（平成26年7月3日）
・教育再生実行会議第七次提言「これからの時代に求められる資質・能力と、
　それを培う教育、教師の在り方について」
　（平成27年5月14日）

　以上の答申や提言が公表されている。教員の資質能力の向上について如何に関心が高く、資質能力の向上のため意を配り苦心してるかが分かる。次代を担う子どもたちの教育環境を整えることは教育行政の必須の課題であり、その国の将来の命運を決めることにつながる、といっても過言ではない。教育環境に

は人的環境、物的環境があるがその中でも人的環境、それも子どもとともに多くの時間を学校のなかで過ごし、子どもたちの成長に大きく、深く関わることができるのは教師である、ということは疑いのない事実である。

　中央教育審議会答申「これからの学校教育を担う教員の資質能力の向上について」（平成27年12月21日）から、「これからの時代の教員に求められる資質能力」の内容を要約すると次の3点となる。

●これまで教員として不易とされてきた資質能力に加え、自律的に学ぶ姿勢を持ち、時代の変化や自らのキャリアステージに応じて求められる資質能力を生涯にわたって高めていくことのできる力や、情報を適切に収集し、選択し、活用する能力や知識を有機的に結びつけ構造化する力などが必要である。

●アクティブ・ラーニングの視点からの授業改善、道徳教育の充実、小学校における外国語教育の早期化・教科化、ICT（Information and Communication Technology「情報通信技術」の略）の活用、発達障害を含む特別な支援を必要とする児童生徒等への対応などの新たな課題に対応できる力量を高めることが必要である。

●「チーム学校」の考えの下、多様な専門性を持つ人材と効果的に連携・分担し、組織的・協働的に諸課題の解決に取り組む力の醸成が必要である。
（「チーム学校」の具体について第14講、第15講を参照のこと）

　教員が備えるべき資質能力については、例えば使命感や責任感、教育的情熱、教科や教職に関する専門的知識、実践的指導力、総合的人間力、コミュニケーション能力等これまでの答申等（第8章で確認する）においても繰り返し提言されてきたところである。これら教員として不易の資質能力は引き続き教員に求められる。
　今後、改めて教員が高度専門職業人として認識されるために、学び続ける教員像の確立が強く求められる。このため、これからの教員には、自律的に学ぶ

姿勢を持ち、時代の変化や自らのキャリアステージに応じて求められる資質能力を、生涯にわたって高めていくことのできる力も必要とされる。

　また、変化の激しい社会を生き抜いていける人材を育成するためには、教員自身が時代や社会、環境の変化を的確につかみ取り、その時々の状況に応じた適切な学びを提供していくことが求められることから、教員は、常に探究心や学び続ける意識を持つこととともに、情報を適切に収集し、選択し、活用する能力を有機的に結びつけ構造化する力を身に付けることが求められる。

　さらに、子供たち一人一人がそれぞれの夢や目標の実現に向けて、自らの人生を切り開くことができるよう、これからの時代に生きる子供たちをどう育てるかについての目標を組織として共有し、その育成のために確固たる信念をもって取り組んでいく姿勢が必要である。

　一方、学校を取り巻く課題は極めて多種多様である。いじめ・不登校などの生徒指導上の課題や貧困・児童虐待などの課題を抱えた家庭への対応、キャリア教育・進路指導への対応、保護者や地域との協力関係の構築など、従来指摘されている課題に加え、さきに述べた新しい時代に必要な資質能力の育成、そのためのアクティブ・ラーニングの視点からの授業改善や道徳教育の充実、小学校における外国語活動の早期化・教科化、ICTの活用、インクルーシブ教育システムの構築の理念を踏まえた、発達障害を含む特別な支援を必要とする児童生徒等への対応、学校安全への対応、幼小接続をはじめとした学校間連携等への対応など、新たな教育課題も枚挙にいとまがなく、一人の教員がかつてのように、得意科目などについて学校現場で問われる高度な専門性を持ちつつ、これら全ての課題に対応することが困難であることも事実である。

　そのため、教員が上記のような新たな課題等に対応できる力量を高めていくのみならず、「チーム学校」の考え方の下、教員は多様な専門性を持つ人材と効果的に連携・分担し、教員とこれらの者がチームとして組織的に諸課題に対応するとともに、保護者や地域の力を学校運営に生かしていくことも必要である。このため教員は、校内研修、校外研修など様々な研修の機会を活用したり自主的な学習を積み重ねたりしながら、学校作りのチームの一員として組織的・協働的に諸課題の解決のために取り組む専門的な力について醸成していくことが求められている。

改革の具体的な方向性

　教員の養成・採用・研修を通じた改革の具体的な方向性の概要を確認するが、その内容は他の「章」に関わることが多々あるもののここでは、「教員育成指標の作成」に関わる答申内容を確認したい。

教員育成指標の作成

●高度専門職業人として教職キャリア全体を俯瞰しつつ、教員がキャリアステージに応じて身に付けるべき資質や能力の明確化のため、各都道府県等は教員育成指標を整備する。

●その際、教員を支援する視点から、現場の教員が研修を受けることで自然と目安となるような指標とする。

●教員育成指標は教員の経験や能力、適性等を考慮しつつ、各地域の実情に応じて策定されるものとする。

●それぞれの学校種における教員の専門性を十分に踏まえつつ、必要に応じ学校種ごとに教員育成指標を策定する。

●各地域における教員育成指標の策定のため、国は各地域の自主性、自律性に配慮しつつ、整備のための大綱的指針を示す。

　教員の養成・採用・研修の接続を強化し一体性を確保するためには、大学と教育委員会が目標を共有し、連携を図りながら、当該目標を達成するためにそれぞれが果たすべき役割を自覚し、適切に実施していくことが必要である。

　特に、近年の重要な教育課題や今般改定された学習指導要領の実施に向けて、これらに教員が速やかに対応できる力を効果的に育成できるようにしなければならず、国、独立行政法人教職員支援機構（旧・教員研修センター）、教育委員会、学校、大学が互いに連携・協力しながら、体系的に養成及び研修を行っていくことが求められる。そのためにも、これらの関係者間でこのような課題

への対応も含む教員の育成に関する目標が共有されることが不可欠である。

　また、合わせて、教員が担う役割が高度に専門的であることを改めて示すとともに、教職課程に在籍する学生や現職教員の両方にとって、教職キャリア全体を俯瞰しつつ、現在自らが位置する段階において身に付けるべき資質や能力の具体的な目標となり、かつ、教員一人一人がそれぞれの段階に応じて更に高度な段階を目指し、効果的・継続的な学習に結びつけることが可能となる体系的な指標となるべきものが必要である。

　学校現場で活躍する教員にとっては、目の前の子供たちへの対応など、学校現場で現に生じている状況に対応することに多くの時間や労力が割かれている。こうしたことを踏まえても、現場の教員が研修を受けることで、必要な知識や技能などを自然に身に付けることができるような支援が必要であり、その意味でも、研修実施等の目安として、教員や教育委員会をはじめとする関係組織の支えとなるものとして、共通の体系的指標を整備することが必要である。

　こうしたことから、教員のキャリアステージに応じて身に付けることが求められる能力を明確化する教員育成指標が全国的に整備されることが必要であり、国はそのための所要の措置を講ずるべきである。こうした指標の体系的な整備により、教員の高度専門職業人としての地位の確立に寄与するこが期待され、教員が自信と誇りを持ちつつ、指導に当たることが可能になると考えられる。

　子供たちや学校、教員、地域等の実情はそれぞれ異なるため、「教員育成協議会」(仮称)ごとに協議・調整を行い、学校と地域の連携・協働体制を構築しつつ、教員育成指標を整備していくことが必要である。また、各地域の課題や特性を踏まえ、自主性や自律性が最大限発揮される制度となるよう配慮が必要である。とりわけ、私立学校においては、自主性・自律性がより配慮される必要がある。

　教員育成指標は教員の経験や能力、適正、学校種等を考慮しつつ、各地の実情に応じて、例えば、初任段階、中堅、ベテラン、管理職や専門職段階など、ある程度の段階に分けて策定されることが必要である。

　一方、高度専門職業人としての教員に共通に求められる資質能力、グローバル化をはじめとする大きな社会構造の変化の中にあって、全国を通じて配慮し

なければならない事項やそれぞれのキャリアステージに応じて最低限身に付けるべき能力などについては、各地域が参酌すべきものとして国の策定指針などにおいて大綱的に示していくべきであり、その際には、各教育委員会や大学における先行事例を参考にしつつ、関係者等の意見を聞きながら別途十分な検討を行った上で提示することが適当である。

　前述したように、これはあくまでも教員や教育委員会をはじめとする関係組織の支援のための措置であり、決して国の価値観の押しつけ等ではなく、各地域の自主性や自律性を阻害するものであってはならない。

　こうして整備される教員育成指標を踏まえ、各教育委員会や各大学において教員研修や教員養成が行われることが重要である。その際、望ましい研修の在り方や実施されるべき事項を国が参考に提示することや、国の施策決定を踏まえ、大学が教職課程を編成するに当たり参考とする指針（教職課程コアカリキュラム）を関係者が共同で作成することで、教員の養成、研修を通じた教員育成における全国的な水準の確保を行っていくことが必要である。ただし、その一方で具体的な養成や研修の手法等については、養成を担う各大学や研修を担う各教育委員会の自主性、自発性に委ねられるべきである。

　以上、答申がまとめられている。ここから、これからの教員に求められている基礎的な資質・能力とは何か、そして、それを確かなものとするために、国、地方公共団体（教育委員会）、大学がどのような役割をはたすべきかがまとめられている。各都道府県教育委員会等がまとめた「教員育成指導」を教育委員会のホームページなどで確認しておくと、どんな教員が今、現在、それぞれの地域で、求められているのか、その具体的な教員像を描き出すことができるかもしれない。

(参考1)
教育再生実行会議第五次提言
「今後の学制等のありかたについて」（平成26年7月3日）（抄）

1. 教員免許制度を改革するとともに、社会から尊敬され学び続ける質の高い
  教師を確保するため、養成や採用、研修の在り方を見直す。

　（上記1で述べた）改革を実現に導くには、子供一人一人の可能性を引き出し、
能力を伸ばしていく教師の存在が不可欠であり、その資質・能力の向上や配置
の充実を一体のものとして行わなければなりません。教師が自らの人間性や専
門性を発揮して子供を教え導くことができるよう、学制改革の機会を捉え、免
許、養成、採用、研修、配置、処遇などの制度全般の在り方を考える必要があり
ます。
　学制改革にともない、学校間の連携や一貫教育を推進し、柔軟かつ効果的な
教育を行う観点から、教師が学校種を越えて教科等の専門性に応じた指導がで
きるよう教員免許制度を改革するとともに、専科指導等のための教職員の配置
や専門性を持つ人材の活用を図ることが必要です。
　また、教師には、教育に対する強い情熱、豊かな人間性や社会性、実践的で確
かな指導力が求められます。自ら学び続ける強い意志を備えた質の高い教師を
確保するとともに、教師が社会から尊敬され、その力が十分に発揮されるよう、
教師の養成や採用、研修等の在り方について見直す必要があります。

(参考2)
教育再生実行会議第七次提言「これからの時代に求められる資質・能力と、そ
れを培う教育、教師の在り方について」（平成27年5月14日）（抄）

3. 教師に優れた人材が集まる改革
　～教育の革新を実践できる人材に教壇に立ってもらうために～
　2. で述べた教育内容・方法の革新が、学校現場で効果的に実践されるかど
うかは、直接、子供の指導に当たる一人一人の教師の資質・能力と学校の教職

員体制にかかっています。特に、今後実行される高大接続改革に対応した教育への転換を図るためにも、教師の養成・採用・研修の改革が喫緊の課題です。国際的な調査によれば、我が国の教師は、研修意欲が高く、教師間での授業研究がよく行われており、今後も、こうした存在であり続けることが重要です。

　教師の影響力は子供の一生に及びます。このため、教師に優秀な人材を得ることが決定的に重要です。そのためには、教職が、未来を担う子供の志や人格の形成に携わる専門職として、その魅力を高め、優れた人材が教師を目指し、教育活動に専念できる環境を整えるとともに、大学教員も含め、教育に携わる者に対する尊敬、信頼、名誉、処遇などの社会の評価を高め、国として、改めて教師に優秀な人材を求めるという姿勢を明確に打ち出す必要性があります。その際、様々な知識、技能、経験を持った社会人を積極的に学校現場に導入し、多様な学習活動を支える指導体制を充実させることも重要です。

　また、国として、社会の変化を見据えて、教師が身に付けておくべき資質・能力を明示し、それに基づきつつ、教師が、4年間の教職課程での学びで終わることなく、教職生活全体を通じ、体系的に学び続けられれる体制を整備することが不可欠です。

　そして、研鑽を積み、優れた指導力や人格を備えた教師が、大学での教師の養成に携わり、次世代の優れた教師を育てるという好循環を創り出すことが必要です。

課題 　答申文、提言を読んでみると、ここで求められている資質・能力は教員ばかりに求められているものではない。自分でこれらの資質・能力を身につけていくためには、どんなことに取り組むことが必要か考える。

＜参考・引用文献＞
本文中にその出所、出典を明記した。

第8章　教員に求められる資質・能力（2）

第8章も、「教員に求められる基礎的な資質・能力」の理解を進める。中央
教育審議会においては、前章の平成27年12月21日答申の前にも答申が
あり、その内容を確認することで、現在、教員に求められている資質・能
力への理解を深めたい。また、教員免許更新制の発展的解消に至る経過の
中で議論された教員の資質・能力についても確認する。

● **中央教育審議会答申「今後の教員養成・免許制度の在り方について」**
　　（平成18年7月11日）（抄）

1. これからの社会と教員に求められる資質能力
（2）　教員に求められる資質能力

○このような社会の大きな変動に対応しつつ、国民の学校教育に対する期待に
　応えるためには、教育活動の直接の担い手である教員対する揺るぎない信頼
　を確立し、国際的にも教員の資質能力がより一層高いものとなるようにする
　ことが極めて重要である。

○教員に求められる資質能力については、もれまでも本審議会等がしばしば提
　言を行っている。例えば、平成9年の教育職員養成審議会（以下「教養審」と
　いう。）第一次答申等においては、いつの時代にも求められる資質能力と、変
　化の激しい時代にあって、子どもたちに［生きる力］を育む観点から、今後特
　に求められる資質能力等について、それぞれ以下のように示している。

　1. いつの時代にも求められる資質能力
　　　教育者としての使命感、人間の成長・発達についての深い理解、幼児・
　　児童・生徒に対する教育的愛情、教科等に関する専門的知識、広く豊かな
　　教養、これらを基盤とした実践的指導力

2. 今後特に求められる資質能力

　　地球的視野に立って行動する資質能力（地球、国家、人間等に関する適切な理解、豊かな人間性、国際社会で必要とされる基本的資質能力）、変化の時代を生きる社会人に求められる資質能力（課題探求能力等に関わるもの、人間関係に関わるもの、社会の変化に適応するための知識及び技術）、教員の職務から必然的に求められる資質能力（幼児・児童・生徒の教育の在り方に関する適切な理解、教職に対する愛着、誇り、一体感、教科指導、生徒指導等のための知識、技能及び態度）

3. 得意分野を持つ個性豊かな教員

　　画一的な教員像を求めることは避け、生涯にわたり資質能力の向上を図るという前提に立って、全員に共通に求められる基礎的・基本的な資質能力を確保するとともに、積極的に各人の得意分野づくりや個性の伸長を図ることが大切であること

○また、平成17年10月の本審議会の答申「新しい時代の義務教育を創造する」においては、優れた教師の条件について、大きく集約すると以下の3つの要素が重要であるとしている。

1. 教職に対する熱い情熱

　　教師の仕事に対する使命感や誇り、子どもに対する愛情や責任感など

2. 教育の専門家としての確かな力量

　　子どもの理解力、児童・生徒指導力、集団指導の力、学級づくりの力、学習指導・授業づくりの力、教材解釈の力など

3. 総合的な人間力

　　豊かな人間性や社会性、常識と教養、礼儀作法をはじめ人間関係能力、コミュニケーション能力などの人格的資質、教職員全体と同僚として協力していくこと

○これらの答申の文言や具体的な例示には若干の違いはあるものの、これから

の社会の進展や、国民の学校教育に対する期待等を考えた時、これらの答申で示した基本的な考え方は、今後とも尊重していくことが適当である。むしろ、変化の激しい時代だからこそ、変化に適切に対応した教育活動を行っていく上で、これらの資質能力を確実に身に付けることの重要性が高まっているものと考える。

○また、教職は、日々の変化する子どもの教育に携わり、子どもの可能性を開く創造的な職業であり、このため、教員には、常に研究と修養に努め、専門性の向上を図ることが求められている。教員を取り巻く社会状況が急速に変化し、学校教育が抱える課題も複雑・多様化する現在、教員には、不断に最新の専門的知識や指導技術等を身に付けていくことが重要となっており、「学びの精神」がこれまで以上に強く求められている。

● **中央教育審議会答申「教職生活の全体を通じた教員の資質能力の総合的な向上方策について」(平成24年8月28日)(抄)**

2. これからの教員に求められる資質能力

○これからの社会で求められる人材像を踏まえた教育の展開、学校現場の諸課題への対応を図るためには、社会からの尊敬・信頼を受ける教員、思考力・判断力・表現力等を育成する実践的指導力を有する教員、困難な課題に同僚と協働し、地域と連携して対応する教員が必要である。

○また、教職生活全体を通じて、実践的指導力等を高めるとともに、社会の急速な進展の中で、知識・技能の絶えざる刷新が必要であることから、教員が探究力を持ち、学び続ける存在であることが不可欠である(「学び続ける教員像」の確立)。

○上記を踏まえると、これからの教員に求められる資質能力は以下のように整理される。これらは、それぞれ独立して存在するのではなく、省察する中で

相互に関連し合いながら形成されることに留意する必要がある。

（ⅰ）　教職に対する責任感、探究心、教職生活全体を通じて自主的に学び続
　　　ける力（使命感や責任感、教育的愛情）

（ⅱ）　専門職としての高度な知識・技能

　　　・教科や教職に関する高度な専門的知識（グローバル化、情報化、特別
　　　　支援教育その他の新たな課題に対応できる知識・技能を含む）

　　　・新たな学びを展開できる実践的指導力（基礎的・基本的な知識・技能
　　　　の習得に加えて思考力・判断力・表現力等を育成するため、知識・技
　　　　能を活用する学習活動や課題探究型の学習、協働的学びなどをデザイ
　　　　ンできる指導力）

　　　・教科指導、生徒指導、学級経営等を的確に実践できる力

（ⅲ）　総合的な人間力（豊かな人間性や社会性、コミュニケーション力、同
　　　僚とチームで対応する力、地域や社会の多様な組織等と連携・協働で
　　　きる力）

● 教員免許更新制の発展的解消と新たな教師の学びの姿について

　平成19年6月の改正教育職員免許法の成立により、平成21年4月1日から
導入された教員免許更新制は、令和4年5月の改正教育職員免許法の成立によ
り、令和4年7月1日、発展的に解消された。

　以下、教員免許更新制の概要、発展的解消に至るまでの経緯、その間の教員
の資質・能力向上に向けた議論及び提言された新たな教師の学びの姿について、
内容を簡単にまとめてみたい。

①平成21年4月から導入された教員免許更新制の目的・制度・実施形態等（文部科学省HP　教員免許更新制（アーカイブ）より引用・作成）

　教員免許更新制は、その時々で教員として必要な資質能力が保持されるよ
う、定期的に最新の知識技能を身に付けることで、教員が自信と誇りをもって
教壇に立ち、社会の尊敬と信頼を得ることを目指すものです。原則的に、有効
期間満了日（修了確認期限）の2年2ヵ月から2ヵ月前までの2年間に、大学な
どが開設する30時間以上の免許状更新講習を受講・修了した後、免許管理者

（都道府県教育委員会）に申請する必要があります。

　講習の開設は、長期休業期間中や土日での開講を基本とするとともに、受講しやすいように、通信・インターネットや放送による形態なども認められています。受講者は、本人の専門や課題意識に応じて、教職課程を持つ大学などが次の3つの領域で開設する講習の中から必要な講習を選択し、受講する必要があります。

（1）必要領域（6時間以上）

　　すべての受講者が受講する領域

（2）選択必修領域（6時間以上）

　　受講者が所有する免許状の種類、勤務する学校の種類又は教育職員としての経験に応じ、選択して受講する領域

（3）選択領域（18時間以上）

　　受講者が任意に選択して受講する領域

② 2021（令和3年）1月26日　中央教育審議会答申「令和の日本型学校教育」の構築を目指して～全ての子供たちの可能性を引き出す、個別最適な学びと、協働的な学びの実現～

　2020年代を通じて実現すべき「令和の日本型学校教育」で目指す学びの姿として、子供たちの知・徳・体を一体で育む「日本型学校教育」の良さを受け継ぎ、「個別最適な学び」と「協働的な学び」を一体的に充実し、「主体的・対話的で深い学び」の実現に向けた授業改善につなげること、などが答申された。第18章にその内容を掲載しているので確認してほしい。

③ 2021（令和3年）3月12日　文部科学大臣諮問「『令和の日本型学校教育』を担う教師の養成・採用・研修の在り方について」

　②の答申を受け、文部科学大臣は、中央教育審議会に対して、ICTの活用と少人数学級を車の両輪として「令和の日本型学校教育」を実現し、それを担う質の高い教師を確保するための教師の養成・採用・研修等の在り方について、

　○教師に求められる資質能力の再定義

　○多様な専門性を有する質の高い教職員集団の在り方

　　○教員免許の在り方・教員免許更新制の抜本的な見直し

　　○教員養成大学・学部、教職大学院の機能強化・高度化

　　○教師を支える環境整備

という主に5点の検討項目をあげて諮問した。

④2021（令和3年）11月15日　中央教育審議会「審議まとめ」「『令和の日本型学校教育』を担う新たな教師の学びの姿の実現に向けて」

　③の諮問を受けた中央教育審議会は、教員免許更新制導入後の社会的変化及び「令和の日本型学校教育」を担う教師の学びを踏まえて、新たな教師の学びの姿と教員免許更新制の発展的解消についての提言を「審議まとめ」として取りまとめた。以下、今後の教師の資質・能力に関する提言として「『令和の日本型学校教育』を担う新たな教師の学びの姿」について言及した部分を引用する。

1.「令和の日本型学校教育」を担う新たな教師の学びの姿
（学び続ける教師）
　教師は学び続ける存在であることが強く期待されている

　教育基本法第9条において「法律に定める学校の教員は、自己の崇高な使命を深く自覚し、絶えず研究と修養に励み、その職責の遂行に努めなければならない」とされるとともに、教育公務員特例法第21条においても「教育公務員は、その職責を遂行するために、絶えず研究と修養に努めなければならない」とされるなど、教師はそもそも学び続ける存在であることが強く期待されている。

　また、令和答申においても、実現すべき教師の姿について「教師が技術の発達や新たなニーズなど学校教育を取り巻く環境の変化を前向きに受け止め、教職生涯を通じて探究心を持ちつつ自律的かつ継続的に新しい知識・技能を学び続け、子供一人一人の学びを最大限に引き出す教師としての役割を果たしている。その際、子供の主体的な学びを支援する伴走者としての能力も備えている。」と言及されており、学び続けることの重要性が特に強調されている。

時代の変化が大きくなる中で常に学び続けていくことが必要

「Society5.0 時代」が到来しつつあるなど、大きな変化が生じている中で、教師が、時代の変化に対応して求められる資質能力を身に付けるためには、養成段階で身に付けた知識技能だけで教職生涯を過ごすのではなく、求められる知識技能が変わっていくことを意識して、教師が常に最新の知識技能を学び続けていくことがより必要となってきている。

主体的に学び続ける教師の姿は、児童生徒にとっても重要なロールモデル

教師は、子供たちにとって身近な存在のうちの一人であり、その人格形成に与える影響は大きい。主体的に学び続ける教師の姿を目にすることで、自らも主体的に学び続ける意欲を子供たちが培うことが期待できる。

（教師の継続的な学びを支える主体的な姿勢）

教師の主体的な姿勢

継続的な、個別最適な教師の学びを進める上で必要となる基本的な前提は、令和答申でも触れられているとおり、変化を前向きに受け止め、探究心を持ちつつ自律的に学ぶという教師の主体的な姿勢である。教師は、これから求められる資質能力の姿を明らかにした教員育成指標等も踏まえつつ、自らの学びのニーズに動機づけられ、職務遂行に必要な資質能力を自ら定義しながら主体的に学びをマネジメントしていくことが重要である。

一人一人の教師が安心して学びに打ち込める環境の構築

個々の教師が自らの職務上の地位について心配することなく、新たな学びに参加しやすくなる資源を獲得できるような環境整備、業務の調整等を、教師の成長に責任を有する任命権者等あるいは学校管理職が積極的に講じるとともに、「協働的な職場づくり」を構築することが求められる。こうしたことが可能となるよう、学校管理職の在り方も見直し、マネジメント能力の向上も進めていくことが必要である。

（個別最適な教師の学び、協働的な教師の学び）

個別最適な教師の学び

　教師自身が、新たな領域の専門性を身に付けるなど、全教員に共通に求められる基本的な知識技能というレベルを超えて強みを伸ばすことが必要であるが、教師の学びに充当できる時間が限られている中にあって、こうした強みを伸ばすための学びは、およそ教師として共通に求められる内容を一律に修得させるというものではなく、より高度な水準のものも含め、一人一人の教師の個性に即した、個別最適な学びであることが必然的に求められる。

協働的な教師の学び

　知識技能の修得だけではなく、教師としてふさわしい資質能力を広く身に付けていくためには、個別最適な学びとの往還も意識しながら、他者との対話や振り返りなどの機会を教師の学びにおいて確保するなど、協働的な教師の学びも重視される必要がある。

　こうした機会としては、例えば各学校において行われる校内研修や授業研究など、「現場の経験」を含む学びが、同僚との学び合いなどを含む場として重要であると考えられる。このため、学校管理職がリーダーシップを発揮して、そうした機会の設定を進めていくことが重要である。また、オンラインという手法でも、小グループを形成して、互いに学び合う機会を設定するなどの方法で協働的な学びを実現することは可能であり、様々な機会を捉えて多様な形で提供することを模索していく必要がある。

　協働的な教師の学びが適切に設定されることによって、個別最適な学びが孤立した学びに陥ることを防ぐことができる。

　（以下略）

なお、免許更新制の発展的解消については、次のように提言している。

　（前略）

　教員免許更新制の下での学び（免許状更新講習）は、およそ教師として共通に求められる内容を中心とすることが適当であるとされている一方で、今

後求められる教師の強みを伸ばすための学びは、一人一人の教師の個性に即した、いわば個別最適な学びであることが求められており、その方向性が異なっている。

（中略）

教員免許更新制を発展的に解消し「新たな教師の学びの姿」を実現することにより、教師の専門職性の高度化が進んでいくことが期待される。

文部科学省は、この「審議まとめ」を受けて、2022（令和4）年、「教育公務員特例法及び教育職員免許法の一部を改正する法律等」を施行し、教員免許更新制は2022年7月で発展的に解消し、新しい研修制度を2023年4月から実施するとした。

また、2022（令和4）年8月31日には、「学校教育法施行規則」の一部を改正し、各学校に研修主事を置くことができるとしたほか、「研修履歴を活用した対話に基づく受講奨励に関するガイドライン」を策定し、研修等に関する記録を活用した資質の向上に関する指導助言等に関し、研修履歴の記録の目的、範囲、内容、方法、時期及び閲覧・提供並びに対話に基づく受講奨励の方法・時期等について、その適正な運用の参考となる内容を定めた。

さらに、「公立の小学校等の校長及び教員としての資質の向上に関する指標の策定に関する指針」を改正し、教師に共通的に求められる資質能力を、①教職に必要な素養、②学習指導、③生徒指導、④特別な配慮や支援を必要とする子供への対応、⑤ICTや情報・教育データの利活用、の5つの柱で再整理するとともに、新たな教師の学びを実現していくための仕組みとして、研修等に関する記録を活用した資質の向上に関する指導助言等に関する基本的な考え方を明記した。

なお、この「指針」に基づく「教師に共通的に求められる資質の具体的内容」について文部科学大臣が定めた資料を章末に掲載した。

⑤2022年（令和4年）12月19日　中央教育審議会答申「令和の日本型学校教育」を担う教師の養成・採用・研修等の在り方について～「新たな教師の学びの姿」の実現と、多様な専門性を有する質の高い教職員集団の形成～」

　③の諮問に対する答申として、④の「審議まとめ」の内容等を踏まえて、以下の項目についてまとめられた。

　○「令和の日本型学校教育」を担う教師に求められる資質能力

　○多様な専門性を有する質の高い教職員集団の形成

　○教員免許の在り方

　○教員養成大学・学部、教職大学院の在り方

　○教師を支える環境整備

　2020年代以降の教員に求められる資質・能力等を整理したものとして、②の答申と合わせて、是非、読んでほしい。

　課題　第7章と第8章までのところで学んだことをもとに、教員の資質能力の「不易と流行」について、自分の言葉でまとめる。

＜参考・引用文献＞
本文中にその出所、出典を明記した。

公立の小学校等の校長及び教員としての資質の向上に関する指標の策定に関する指針に基づく教師に共通的に求められる資質の具体的内容

ICTや情報・教育データの利活用（に主として関するもの）

生徒指導（に主として関するもの）

学習指導（に主として関するもの）

特別な配慮や支援を必要とする子供への対応（に主として関するもの）

注1

注2

教職に必要な素養
豊かな人間性　使命感　責任感　教育的愛情　人権意識　社会性　等
マネジメント、コミュニケーション（ファシリテーションの作用を含む）、連携協働

「教職に必要な素養」は横断的な要素として存在

※ 上記に関連して、「特別な配慮・支援を必要とする子供への対応」は、「学習指導」「生徒指導」を個別最適に行うためのものとしての位置付け
注1）「特別な支援・配慮を必要とする子供への対応」は、「学習指導」「生徒指導」を個別最適に行うためのものとしての位置付け
注2）「ICTや情報・教育データの利活用」は、「学習指導」「生徒指導」「特別な配慮を必要とする子供への対応」をより効果的に行うための手段としての位置付け

教職に必要な素養（に主として関するもの）

「令和の日本型学校教育」を踏まえた新しい時代における教育、学校及び教職の意義や社会的な役割・服務を理解するとともに、国内外の変化に合わせて常に学び続けようとしている。

・豊かな人間性や人権意識を持ち、他の教職員や子供、保護者、地域住民等と、自らの意見も効果的に伝えつつ、**円滑なコミュニケーション**を取り、良好な人間関係を構築することができる。

・学校組織マネジメントの意義を理解した上で、限られた時間等の資源を効率的に用いつつ、**学校運営の持続的な改善を支えられるよう**、校務に積極的に参画し、組織の中で自らの役割を果たそうとしている。

・各学校種の強み・弱みを理解し、自らの力だけではできないことを念頭に、家庭・地域等を含めた他者との協力や関わり、連携協働を通じて課題を解決しようとする姿勢を身に付けている。

・子供達や教職員の生命・心身を脅かす事故・災害等に普段から備え、様々な場面に対応できる危機管理の知識や視点を備えている。

学習指導（に主として関するもの）

関係法令、学習指導要領及び子供の心身の発達や学習過程に関する理解に基づき、子供たちの**「主体的・対話的で深い学び」**の実現に向けた授業改善を行うなど、「個別最適な学び」や「協働的な学び」の一体的な充実に向けて、**学習者中心の授業**を創造することができる。

・カリキュラム・マネジメントの意義を理解し、教科横断的な視点から教育課程の評価、人的・物的な体制の確保、改善等の観点から、組織的かつ計画的に教育課程を編成・実施し、常に学校の実態に応じて改善しようとしている。

・子供の興味・関心を引き出す教材研究や、他の教師と協働し授業研究などを行いながら、授業設計・実践・評価・改善等を行うことができる。

・各教科等においてそれぞれの特質に応じた見方・考え方を働かせながら、資質・能力を育むために必要となる各教科等の専門的知識を身に付けている。

生徒指導（に主として関するもの）

子供一人一人の特性や心身の状況に応じた理解に基づき、良さや可能性を伸ばすことができている。

・生徒指導の意義や原理を理解し、他の教職員や関係機関等と連携しつつ、個々に応じた指導や集団指導を実践することができる。

・教育相談の意義や理論（心理・福祉に関する基礎的な知識を含む。）を理解し、子供一人一人の課題解決に向け、個々の悩みや苦しみを共感的に受け止め、学校生活への適応や人格の成長への働きかけを行うことができる。

・キャリア教育や進路指導の意義を理解し、地域・社会や産業界と連携しながら、学校の教育活動全体を通じて、子供が自分らしい生き方を実現するための力を育成することができる。

・子供の心身の発達の過程や特徴を理解し、一人一人の状況を踏まえながら、子供達の信頼関係を構築するとともに、それぞれの心身の発達や活動を引き出す集団作りの**（学級経営）**を行うことができる。

特別な配慮や支援を必要とする子供への対応（に主として関するもの）

特別な配慮や支援を必要とする子供の特性等を理解し、組織的に対応するために必要となる知識や支援方法を身に付けるとともに、学習上・生活上の支援の工夫を行うことができる。

ICTや情報・教育データの利活用（に主として関するもの）

学校におけるICTの活用の意義を理解し、授業や校務等にICTを効果的に活用するとともに、児童生徒の**情報活用能力（情報モラルを含む。）**を育成するための授業実践を行うことができる。

・「個別最適な学び」の実現に向けて、授業等にICTを効果的に活用するとともに、児童生徒の学習の改善を図るため、**教育データを適切に活用すること**ができる。

注）記述量と必要な学修量とは、必ずしも比例しない。

70

第9章 教員の職務の全体像（1）

第9章と第10章のねらいは、「教員の職務の全体像」についての理解を進めることにある。子どもたちの立場からみた学校の先生は、学級担任の先生であり、教科を教えてくれた先生である。本章では、学校の組織運営に必須の内容と学級経営について、その概要を確認する。

1. 学校の職員構成とその職務─校務分掌─

　教員の職務を確認する前に、学校はどのような人たちで構成されているのか、また、その人たちがどのように組織されて学校という機関が運営され、その働きを果たしているのか理解することが、まず、必要である。

　次に、子どもの立場から学校の先生の職務、仕事を考えると、子どもたちにとって、まず、先生は、自分のクラスの先生であり、自分にいろいろな教科を教えてくれる先生でもある。小学校ではほぼすべての教科を一人の先生、学級担任の先生が担当するが、中学校や高等学校では教科によって担当の先生が入れ替わり立ち替わり、教室に入ってくるという状態に遭遇することになる。近年、このことが子どもたちにとって、小学校から中学校に進学した際、「中1ギャップ」に陥るひとつの原因ではないか、といわれる所以である。

　すなわち、子どもの立場から教員の職務は、まず「学級担任」の先生であり、次に、「授業」で教科などの内容を教えてくれる先生なのである。

　まず、学校を構成する職員を確認したい。

　職員については、学校教育法という法律で規定されている。教育法規については、第12章と第13章で確認することとなるが、ここではその該当箇所を数か所引用する。条文には「小学校」となっているがこれらの規定は、中学校、高等学校等にも準用される。

○学校教育法
　〔職員〕
　第三十七条　小学校には、校長、教頭、教諭、養護教諭及び事務職員を置かなければならない。

②小学校には、前項に規定するもののほか、副校長、主幹教諭、指導教諭、栄養教諭その他必要な職員を**置くことができる**。

④校長は、校務をつかさどり、所属職員を監督する。

⑧教頭は、校長（副校長を置く小学校にあっては、校長及び副校長）に事故があるときは校長の職務を代理し、校長（副校長を置く小学校にあっては、校長及び副校長）が欠けたときは校長の職務を行う。この場合において、教頭が二人以上あるときは，あらかじめ校長が定めた順序で、校長の職務を代理し、又は行う。

⑪教諭は、児童の教育をつかさどる。

　ここで条文の文末、ゴシック、ボールドで印刷されている箇所を確認されたい。「校長、教頭、養護教諭及び事務職員」は「**置かなければならない**」としているが、「副校長、主幹教諭、指導教諭、栄養教諭その他必要な職員」は「**置くことができる**」としている点に注意されたい。また、「事務職員」についても同条の後の項目の規定で、「特別の事情のあるときは事務職員を、…置かないことができる」と規定している。そして、「教諭は、児童の教育をつかさどる」との定めがあるが、その具体も広範な内容に及ぶ。その内容は、第3章業務分類（P.23）の表に記載してあるので参照されたい。

　まず、本章においては、子どもの立場からみた、また、まだ「教職」に就いてはいないが、「教職」という職業に興味、関心のある本書の多くの読者の立場からみた教員の職務の全体像を確認することが目的である。

　ここまでで、学校はどんな職員で構成されているか、そのおおまかな内容は把握することができなのではないかと思う。そして次に、これらの職員が学校を運営していくために必要な業務をそれぞれ分担することとなる。これが「校務分掌」といわれるものである。次の図は、ある中学校の校務分掌図である。

　図をみると、このように学校が抱える業務は広範にわたることがあらためてわかる。それを学校に勤務する職員が分担し、助け合って学校という組織を運営しているのである。

2. 職員の役割—主な校務分掌と各種会議—

　学校の会議で代表的なものは、やはり「職員会議」であり、その「職員会議」に提案す内容、議題を事前に検討するのが、学校によってのその名称が異なるが、「運営会議」とか「企画会」とか呼ばれる準備会議がある。この「職員会議」についても、学校教育法施行規則第四十八条に定めがある。確認したい。

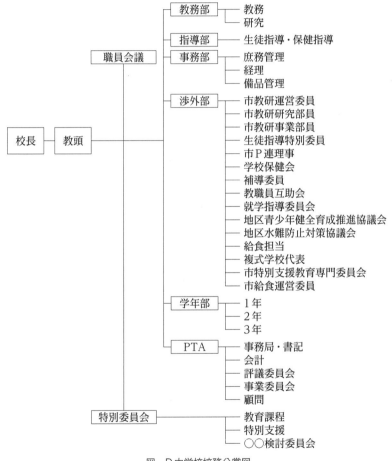

図　D中学校校務分掌図

○学校教育法施行規則

　　［職員会議の設置］

　　第四十八条　小学校には、設置者の定めるところにより、校長の職務の円滑
　　　な執行に資するため、職員会議を置くことができる。

　　2　　職員会議は、校長が主宰する。

　と規定されている（他の学校種にも準用）。この規定から、職員会議は任意設
置の組織であり、主宰者は校長であることがわかる。（主宰＝多くの人の上に立
ち、中心になって物事を行うこと（人））

　さらに、念のため、校務分掌の根拠も学校教育法施行規則にその定めがある
ので確認したい。

○学校教育法施行規則

　　［校務分掌］

　　第四十三条　小学校においては、調和のとれた学校運営が行われるようにふ
　　　さわしい校務分掌の仕組みを整えるものとする。

　この条文と、前述の学校教育法［職員］第三十七条「④校長は、校務をつかさ
どり、所属職員を監督する」の「校務をつかさどる」などとあることから、学校
によっては、たとえば、「教務部」、「生徒指導部」、「進路指導部」、「保健部」など
の各分掌に、校長が、教職員に校務を分担し処理させることで、調和のとれた
学校運営が行われるようにしているのである。

　では、図にある各部の大まかな内容について確認する。

　まず、D中学校校務分掌図にある「学年部」は、その学年所属の教員で構成さ
れている。学習指導、生徒指導、進路指導、生徒会活動、学校行事など学校で行
われるありとあらゆる活動の実施単位であり、学年部会内においても学校全体
の校務分掌とは別に、または、関連して分掌が決められていることが多い。

　たとえば、学年の生徒指導担当は、「指導部」の生徒指導・保健指導の担当者
で、学校全体の生徒指導をまとめる生徒指導主事を中心に各学年1名ずつくら

いで、計4名程度で構成され、それぞれの時期、季節に必要な生徒指導上の具体の内容を打合せ、それぞれの学年で実施する、ということとなる。

また、同様に、「教務部」の「研究」においては、学校全体で取り組む「校内研究」の企画立案は、研究主任が担当し、研究推進の一環として取り組む「校内授業研究」など、これも各学年の研究担当の教員が中心になって進めている。学校の先生の仕事といえば、「学級担任」の先生や、教科の内容を教えてもらった「教科指導」の先生というだけでは、一面的な見方であることがわかる。

しかし、本章後半と次章については、学級担任の教員が苦心する学級経営と教科指導、道徳授業の内容について簡単に紹介する。

3.「学級経営」を考える

子どもたちは、学校の先生のイメージとして、自分の学級、クラスの担任だった先生、さらに、小学校、中学校、高等学校を通して教科の内容を教えてくれた先生というイメージをもちやすい。「教職」への理解を進めるためには、この2つのイメージは欠かせない。

ここでは、教師がどんなことを心がけながら「学級担任」として、日々の職務に取り組んできたかを確認する。一番身近な「教職」の理解を進めるための素材でもあり、また、教育実践上重要な内容であるものと考えられる。

（1） 学級経営の充実の必要性

「授業の基盤は学級経営にある」という言葉があるように、同じ教材、同じ指導案で授業を行ったとしても、学級経営がうまくいっている学級とうまくいっていない学級では、学習内容の理解などに差が生じることは、教員という仕事をしているとよく感じることである。

日本の学校教育では、児童生徒の学力の向上と心の教育の充実を図ることが求められている。学習指導と生徒指導は相互に深く関わっているので、学級担任はその両面を充実させることが求められる。

「授業の基盤は学級経営にある」という言葉は、学級経営が良好な状態であれば、教育的効果は十分に望まれるということを表しているが、逆に、学級経営が良好な状態でなければ、学習指導において十分な効果が見込めないばかりか、生徒指導の面でも、様々な問題が噴出してしまう可能性がある。

（2） 学校経営の視点

1） 学級集団づくり

個々の児童生徒がよりよく成長を遂げるためには、学級集団・ホームルーム集団など児童生徒の毎日の生活の基盤となる集団が望ましいものでなければならない。学級経営の重要な視点は、まずはよりよい学級集団づくりである。学級集団を構成しているのは、児童生徒一人ひとりだ。つまり、個人と集団とは相互関係にあるので、児童生徒にとって望ましい学級・ホームルーム、学校などの集団をつくることが、同時に、自らの成長を促進させることになる。したがって、多様な集団活動の中で児童生徒のそれぞれに役割を受けもたせることで自己存在感をもたせ、集団の一員としての連帯感や責任感を養うことが大切なのである。また、社会の一員として進んで貢献しようとする社会性の基礎となる態度や行動を身に付け、自己実現が図れるようにすることも期待されている。

2） 児童生徒への共感的理解

どのような教育活動においても、第2章で、ルソーもいっているように、その活動が成果を上げるための大前提の一つは児童生徒理解だ。児童生徒を共感的に理解するためには児童生徒について、また児童生徒の生育歴や環境などについて客観的事実を知る必要がある。児童生徒一人ひとりを理解しようとするときに最も大切なことは、児童生徒が全て異なった個性をもった存在であるということである。それぞれ独自の特徴をもち、一人として同じ者はいない。

それぞれの児童生徒の人格を望ましい方向に形成させようとするときにも、それぞれの個性を生かし、個人のもつ特徴に従って進められなければならない。そのためには、児童生徒のもつそれぞれの特徴や傾向をよく理解し把握することである。児童生徒をよく理解することによって、長所や短所もはっきりすることになり、また、いつ、どのような方法によって指導するのが最も効果的であるかということも明らかになるといえる。

指導場面として、集団的な場面が少なくないため、集団を理解しなければならないことはいうまでもない。この場合、集団を理解するためにも、集団を構成している児童生徒個人を理解する必要があるが、さらに集団の構造を理解することも大切なことである。

3) 保護者との関係づくり

　本来、学校や学級は、全ての子どもたちが安心して過ごすことができるところだ。子どもたちが落ち着いて学校生活を送ることで、保護者の安心感は高まる。そして、子どもと保護者、学校の間に信頼感が生まれ、学校と家庭が力を合わせて子どもを育てていくための基盤が築かれる。教師と保護者は、子どもの健やかな成長という共通の願いをもって子どもに関わっているのだから、手を携えることができればお互いにどれだけ心強いか分からない。しかし、日頃の関係づくりができていないと、問題が発生したときに、保護者が学校に相談するのをためらったり、反対に攻撃的になったりすることがある。時には些細な言葉や態度をきっかけに両者の関係がぎくしゃくし、問題が大きくなったり複雑になったりして解決が難しくなることもある。

　家庭環境の理解は大切である。家庭内の人間関係、経済状況、保護者の教育についての考え方、家庭を取り巻く地域の特性など、それぞれ様々な特色をもっており、児童生徒が人格を形成する過程でものの感じ方、考え方、行動の仕方など、家庭環境は児童生徒に大きな教育的影響を与えることになる。また、学校教育を進める上での基礎になる基本的生活習慣の形成にも家庭環境は重要な役割をもっている。各家庭は、教育の場として本来の教育的な意義・役割を十分に認識しておく必要がある。学校は、家庭との協力関係を築くため、それぞれの児童生徒の家庭環境に対しての理解が必要なのである。

●学級経営のまとめ

　ここまで「学級経営」についての重要性について述べてきた。日本の学校は、明治5年の学制発布以来、学校制度が整うにしたがいこの「学級」という単位が、子どもたちの学校における生活の単位、生活の場であると同時に、学びの場でもあったし、現在もその基本的な考え方に変わりはない。さらに、学校教育の根幹、中心は教科等の「授業」であることから、前述の「授業の基盤は学級経営にある」といわれるように、「学級」をどう育てるのか、ということに教師が一番苦心するのである。この「学級経営」という用語は、もっと一般的にいうと別なことばで、「学級づくり」、「クラスづくり」ともいわれる。第1章で紹介した恩田すみれ（仮称）先生の問題意識もここにあったし、一番苦心しているのも

この学級づくりであった

　では、どんな学級を育てていくことが必要なのか。ここまで、参考・引用文献にある「達人が伝授！」からの引用で、いくつかの視点で説明されてきたが、それをまとめてみると、「それぞれの学級（クラス）が、一人一人の子どもたちの居場所があり、安心して生活できる場」となるように営為、工夫、努力していくことが大切であり、必要である、ということである。

　ただし、所謂、ただ「居心地のいい場」ということではない、「居心地のいい場」がただの「なれ合いの場」に陥ってしまってはいけないのである。学級の一部のものが悪い意味でのリーダーシップを発揮することとなる。第2章でみたルソーが主張した「一般意志」が実現される小社会を育てていくことが必要なのである。

　そのためには、子どもと子どもの間によい意味での緊張感があることが必要だ。このことを教職に就いた先輩たちは、「自律的、協働的学習集団の形成」といった。一人一人の子どもが自律的にものごとに取り組み、時として仲間と協働できる、協力できる、学び合うことのできる集団の形成である。これは、日々の授業の中で、次の章で確認する「授業」の指導過程の中で、子どもと子どもが互いに自分の考えを述べ合い、ぶつけ合い、学び合うことができるように、その指導の在り方を工夫することが必要なのである。

[課題]　「授業の基盤は学級経営にある」といわれるが、自分の小学校、中学校、高等学校時代の学級担任の先生を思い出して、どんなことに苦心されていたと思うか、考えてみる。

＜参考・引用文献＞
香川大学教育学部、香川県教育センター：「学級経営論」授業教材「達人が伝授！」〜すぐに役立つ学級経営のコツ〜（平成26年2月）

第10章　教員の職務の全体像（2）

本章では、前章の内容をうけて教員の職務、子どもたちが「先生の仕事
は？」と、問われたときに、教科の「授業」を教えること、と考える子ども
が多い。本章では、教科の「授業」と、今回の学習指導要領の改訂で教科化
された「特別の教科　道徳」の授業の進め方について確認する。

1. 教科の授業について

　皆さんはいままで小学校、中学校、高等学校でどんな「授業」を受けてきただ
ろうか。ここで印象に残る「授業」を思い出していただきたい。その内容は教
科の内容であろうか、それとも「授業」のなかでその時の教師が話した必ずし
も教科の内容とは関わらない教師自身の体験談だったり、読んだ本の内容紹介
だったり、その内容は様々ではないのか。

　「教職」を志す皆さんは、教師の主な仕事のひとつは「授業」であることを理
解することが必要である。学校の時間割をみてみると午前も午後も「授業」が
その中心にあり、放課後に、所謂、学校の児童会や生徒会の委員会活動、学級の
係活動や班長会議、そして、部活動が行われているのである。

　「授業」に対する皆さんの印象もさまざまであろう。ここでは、教師の側から
みた「授業」について簡潔にまとめたい。ところで、大学の科目名には、よく「○
○講義」とか「□□演習」という科目が並んでいる。ここで、「授業」について考
える前に、まず、この「講義」と「授業」の違いを確認したい。最初に、「講義」の
風景からみてみよう。

○「講義」の風景
＜担当教授の振るまい＞
　通常、「講義」は大講義室で行われることもあり、科目の内容によっては、中
規模、または、小規模の教室で行われる。たとえば、「日本史普通講義」などと
いう科目であれば、担当教授の専門分野を中心に講義されることとなる。専門
分野が「荘園制度の変遷」であれば、そのことについて史料を読み合わせたり、
さまざまな立場の学説を紹介したり、さらに、「荘園制度の変遷」を研究するこ

との現代的な意義などを担当教授がプリントやパワーポイントを駆使しながら説明する、ということが中心になる。

　すなわち、担当教授が「荘園制度の変遷」についての「説明」をすることが中心であり、時折、前の講義で説明した内容を学生に問うて確認をしたり、学生のよくまとめられたレポートを紹介して、そのレポートをまとめるにあたり、何をどう調べて、たとえばどの本を繙いて、その内容をどう理解してまとめたのかなどを他の学生に向けて発表させたりする場合がある。しかし、基本的には、担当教授の「説明」を中心とした構成としている。

＜受講学生の振るまい＞

　担当教授の「説明」を中心とした90分の講義の時間中、学生諸君はその中でどのように振る舞っているのだろうか。ある学生は教授の説明や板書された内容で重要ではないかと思われることをひたすらノートにメモする。教授の説明の後を追って、学生の頭なのかではどのようなことが行われているのか。

　大多数のの学生は、この講義を聴いてはいるが、通常、学生は事前に、自らが書籍にあたり、資料を読み込み、友人との会話のなかで聞き及んだ何らかの知識などがすでに自分のなかに存在し整えられている。すなわち学生の中にはもうすでにある量、ある塊の既有知識が存在しているのである。そして、講義に臨み新たに主に教授の説明であるが、外部から入ってきた新しい情報、知識をいま現在自分自身の中にある知識とどう関係づけるか、頭の中ではそのそれぞれの知識の体系にどのようにして組み込むか、ということが行われている。

　「理解する」とはひとつにこのように既有知識と新しい知識を関連づけ、関係づけて、体系化していると考えてみれば、学生は、じっと90分間講義室の堅い椅子に座ったままではいるものの頭の中は高速でこのような活動が行われているのである、と考えることができる。体を動かさなくとも、ことばは発しなくとも知的活動が行われている、と考えることができるのである。このような活動が頭の中で行われているのであれば、本来、90分間の講義を受講した後は、頭も体もへとへとに疲れることとなるのではないか。

　大学生という発達段階を考えれば大学の「講義」はいたって能動的な知的活動が可能な時間であり、大学においてはこの「講義」ばかりではなく、少人数で行われる「ゼミ」（演習）が用意されていることを付け加えたい。

○小学校、中学校及び高等学校の「授業」の風景

　「講義」と「授業」は、その「ことば」そのものが違うように、本来、その内容は異なる。「講義」は講義であり、「授業」は授業である。ではどこがどう違うのか。「教職」に就くことを希望する者にとっては、その違いの正確な理解が必要だ。

　前述の「講義」の風景のキーワードは「説明」であった。担当教授の「説明」がその中心であった。「授業」を理解するには、まず、「授業」の構成を理解することが必要だ。「授業」には２つの部分がある。「授業」を進めていくプロセス（指導過程）には、「教授活動」の場面と「学習活動」の場面があると考えよう。それぞれの内容は次の通りである。

■「教授活動」の場面

　　それぞれの教科には、教科固有の「目標」と「内容」がある。そして、その教科固有の「基礎的・基本的な知識や技能」がある。「授業」の指導過程の「教授活動」の場面では、指導する教師がそれらの「基礎的・基本的な知識や技能」を説明して子どもたちに教える、どちらかというと教え込む場面である。

　　この場面で子どもたちはそれぞれの教科固有の「基礎的・基本的な知識や技能」を学ぶことができるのである。

■「学習活動」の場面

　　「学習活動」の場面は、通常、「教授活動」の場面に続けて行われる子どもたちの活動である。すなわち、子どもたちが「教授活動」の場面で学んだ「基礎的・基本的な知識や技能」を駆使して、「課題」を解決する場面である。その解決の過程で、「課題」を解決するにはどうしたよいかよく考えて（思考力）、その考えのなかでどれがよいか判断して（判断力）、さらに、それを人にわかるようにことばに落として、すなわち、言語化して説明する（表現力）場面なのである。

　以上、「授業」とは「教授活動」と「学習活動」の２つの場面がバランスよく配置され、構成されているものであると考えることとする。

○「授業」の風景

＜授業者の振るまい＞

　小学校、中学校、高等学校の教師は、前述の「授業」の構成を念頭において、「基礎的・基本的な知識や技能」を教える場面（「教授活動」の場面）と、それを受けて、「課題」を与えそれを実際にああでもないこうでもないと子どもたちが話し合いながら解決する場面（「学習活動」の場面）をバランスよく配置して構成することになる。

　今般の学習指導要領改訂においても、後者、「学習活動」の場面は、子どもたちに求められている資質・能力である「思考力・判断力・表現力」を育てる重要な場面なのである。

＜子どもたちの振るまい＞

　では、実際の「授業」ではどんな展開が期待されていのだろうか。次の算数・数学の問題をご覧いただきたい。教授活動に続く学習活動の場面である。この問題（課題）を解くのに必要な「知識・技能」は少なくとも次の通りである。

　（知識）　三角形の内角の和は180度である／三角形の外角は、それと隣り合わない2つの内角の和に等しい／平行線の性質
　（技能）　補助線が引ける。

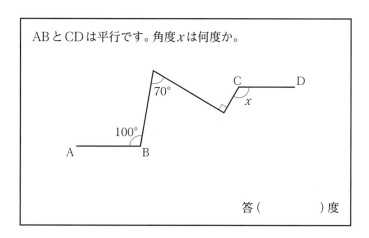

ABとCDは平行です。角度xは何度か。

70°

100°

A　　　　B

C　　　　D

x

答（　　　　）度

子どもたちは、少なくも上記の3つの知識と1つの技能を持ちあわせればこの算数・数学の課題に解答することができるのである。しかし、その解き方は一様ではなくいろいろな解決の方法があるなかで、それを子どもは自分が「よし」と思ったものをそれぞれの考えの根拠を示しながら、説明し合うのである。

2.「特別の教科　道徳」の授業について

　ここまで、教科の「授業」の基本的な組み立てを確認した。今回の学習指導要領の改訂で、「道徳の時間」が「特別の教科　道徳」となった。教科化された。「考え、議論する道徳」が標榜されている。「道徳の時間」は、昭和33年の学習指導要領の改訂の際、特設された。すなわち、小学校、中学校ともに教育課程上、「道徳の時間」が1時間、時間割上に位置づけられたのである。

　では、どのような授業が期待されているのか、具体の内容をみてみよう。次に示すのは、中学校2年生を対象に創作された道徳授業の「読み物教材」である。道徳授業の基本は、このような「読み物教材」を活用して、生徒とともに教材を読んで、その教材のなかに描き出されている「道徳的な諸問題」について、子どもたち一人一人がどう感じているのか、また、考えているのか、その根拠を示しながら、子どもと子どもが話し合う、語り合うことで、子どもたちが自分の感じ方や考え方を見直したり、さらに、確かなものにしていく端緒をつかむことが期待されている時間なのである。まず、虚心坦懐に次の教材を一読願いたい。

『タッチアウト』

　仙台駅の新幹線下りプラットホームは、おりからの暑さに加え白いシャツ姿の中学生たちの熱気でムンムンとしていました。ぼくたち野球部は中総体の県大会を勝ち抜き、念願の東北大会が開催される盛岡へ向かう新幹線を待っているのです。ホームには、学校の仲間や保護者たちだけでなく、決勝戦で対戦した西田中学校野球部の選手までが見送りにきてくれています。西田中の選手たちとぼくたちは握手を交わし合いました。キャプテンのぼくには、多くの人が激励の声をかけてくれます。そして、あの日、すさまじい勢いでホームベースにスライディングしてきた佐藤君が、ぼくに手をさしのべてきました。ぼくは口の中がからからに乾き、急に鼓動が速まるのを感じました。

　7月下旬に行われた決勝戦は、雲ひとつない青空のもと一進一退の展開でした。投手の山崎君は連投にもかかわらず、猛打で勝ちあがってきた優勝候補の西田中を4回まで無得点に抑えていました。西田中もあの手この手でゆさぶってきます。キャッチャーのぼくは、一球一球に気合いを入れるよう、山崎投手を励ましました。

　1対1で迎えた最終回の裏の攻撃、西田中の3番打者が右の打席に立ちました。この大会で打ちまくっている佐藤君です。ぼくは長打を警戒し、山崎君に外角低めに落ちるカーブを要求しました。案の定、佐藤君は少し及び腰になってスイングしました。ボールはフラフラと1塁の後方にあがっていきます。1塁手が懸命に追いましたが、ボールはぽとりとフェアグラウンドに落ちてしまいました。ノーアウトでサヨナラのランナーを出してしまったのです。

　ぼくはいやな予感がしました。タイムをとってマウンドに駆け寄りました。山崎君を取り巻く内野手も表情がこわばっています。このランナーがホームベースを踏めば、ぼくたちのサヨナラ負けです。
「大丈夫だ、大丈夫。内野ゴロでゲッツーもらおう」

　みんな山崎君を励ますというより、自分自身を落ち着かせようと懸命でした。県大会を勝ち抜いて盛岡へ行くことを目標にやってきた猛練習も、このランナーがホームベースを踏んでしまったら水の泡です。スタンドにはたくさんの学校の仲間がいて、この暑さの中で必死にぼくたちを応援しています。負けるわけにはいかないのです。

　しかし、選手たちは動揺していました。4番打者の打球はダブルプレーおあつらえ向きの内野ゴロでしたが、ショートの須賀君がボールを握り直し、2塁に送球できず、1アウトしかとれません。動揺が伝染しないよう、ぼくはマウンドの山崎君に肩の力を抜けと、身振りで示しました。つづく5番打者には勢いのあるボールを投げ込み、セカンドフライにしとめました。2アウト。あとひとつアウトを取れば延長戦に持ち込めます。ぼくたちの夢はつながります。

　しかし、2塁にランナーの佐藤君がいます。両チームとも緊張の場面、西田中の6番打者は3塁手の前にころがるボテボテのゴロを打ちました。日頃ぼくたちが名手とよんでいる武井君がダッシュしてボールを処理しようとしたとき、少し体勢を崩しました。武井君は、1塁へ矢のようなボールを投げました。しか

し、打者走者は俊足で１塁塁審は大きく両手を広げてセーフのコールです。その瞬間、ぼくの視界に２塁から３塁を蹴り、ホームに向かってくる佐藤君の姿が映りました。

「ホームだ！　バックホーム！」

　１塁手の福崎君にぼくは叫びました。福崎君はものすごい勢いでホームへ返球します。ぼくはキャッチャー面を投げ捨て、佐藤君が近づく気配を、音と地面の振動で感じながら、そのボールを待ちました。この間、時間が止まっているようでした。

　捕球してホームベースをブロックしたところへ、佐藤君の烈しいスライディングが襲いかかってきました。ぼくは夢中で佐藤君にタッチしました。

「アウト！」

　球審の大きな声がぼくの耳元で響きました。

　３塁側のスタンドから地鳴りのような歓声が沸き上がります。

　ランナーの佐藤君は、倒れ込んだままホームベースをげんこつで叩いています。汗と土にまみれたこぶしに、悔しさがにじみ出ていました。

　ぼくが立ち上がろうとしたときです。ミットにボールが入っていません。正座のような格好をしているぼくの両ももの内側に、ボールは転がっていました。とっさに上体を曲げ、だれにも見られぬように、ボールをミットでかぶせるようにして拾い上げました。

　きっとタッチした直後に落球したのです。

　――アウトじゃないぞ。これはサヨナラ負けじゃないか……

　ぼくはそっと顔を上げ、息をつめてあたりの様子をうかがいました。

　ランナーの佐藤君がユニホームの土を払いながら立ち上がろうとしています。球審はすでにボールボーイに向かって何かを指示しています。守備についていたチームメイトは跳ねるようにしてベンチに戻り、西田中の選手は延長戦の守備につこうと、グラウンドに駆けだしていました。

　――だれも見ていない……、だれも気づいていない……

　ぼくにはそのわずかな時間が、永遠のように感じられました。

　早く攻撃の準備をしなさい、とうながす球審にそのボールを渡し、ぼくはベンチに戻りました。マネージャーの渡辺さんが水でぬらしたタオルを差し出し

ながら「キャプテン、どうかした？」と声をかけてきました。様子がおかしいと思ったのでしょう。

「いや、……なんでもないよ」

ぬれたタオルを首にまき、うつむいてそう言いました。

――ぼくは息が止まるような思いで、佐藤君が差し出した手を握り返していました。

「俺たちのぶんまで、たのむな」日焼けした顔に白い歯がのぞいています。

「ああ」と答えるのがやっとでした。

あの決勝戦は、延長初回に1点をとったぼくたちが、その裏の西田中の攻撃を無得点に抑えて勝ち、県大会を制したのです。試合後の挨拶で、ホームベースをはさみぼくたちと向かい合った西田中のナインは、みんな泣いていました。

新幹線に乗り込み、部員たちは見送りに来てくれた人たちへ窓越しに笑顔で手を振っています。

ぼくは早々にホームと反対側の窓側のシートに深く座り、腕を組んでうつむきました。

そのわずかな停車時間が、あのときのようにとても長く感じます。

新幹線は盛岡へ向かってスピードをあげていきます。ぼくは、車窓に広がる空を、ただ眺めていました。それは、あの日と同じ、雲ひとつない青く晴れわたった空でした。

（作・齋藤嘉則）

まず、一読して、この教材で生徒たちが「何について」話し合うことができるのか、また、語り合うことができるのか、考えることで、「考え、議論する道徳」の授業のイメージをつかむことができる。

時間と余裕があれば、学習指導要領の「目標」と「内容」に目を通すことを勧めたい。

課題　本章では「授業」、特に教科の授業と道徳の授業を検討した。いままで自分が高等学校までに受けてきた教科の授業や道徳の授業のなかで印象に残っている授業の内容を書き出して、なぜ印象に残っているのかを考える。

第11章　教員研修の必要性とその実際

> 「教職」にとって「専門職」であるためには、「研修」は欠かせない。「専門職」の定義を確認するとともに、教員「研修」の今後の在り方について中央教育審議会で答申されているが、現在、教員が取り組んでいる「研修」の実際について、理解を深めたい。

1.「専門職」としての教師と「研修」

　「専門職としての教師」論がある。現在、教師の専門性を確かなものにするために、専門職大学院のひとつである「教職大学院」が平成30年4月には、各都道府県に少なくとも1校は設立、開学、設置されている。

　ここでいう「専門職」とはいかなる範疇にある「職」であるのか。専門職についての規定は、その代表的なものとしてリーバーマン (Lieberman, M) の代表的、古典的な定義がある。リーバーマンは、専門職を定義するに際して、専門職として満たすべき要件を示している。それらは次の通りである。

（ⅰ）　比類のない、明確で、かつ不可欠の社会的サーヴィスを提供する。

（ⅱ）　サーヴィスを提供する際に、知的な技能が重視される。

（ⅲ）　長期にわたる専門的訓練を必要とする。

（ⅳ）　個々の職業人及びその職業集団全体にとって、広範囲の自律性が認められている。

（ⅴ）　職業的自律性の範囲内で行われる判断や行為について広く責任を負うことが、個々の職業人に受け入れられている。

（ⅵ）　職業集団に委ねられた社会的サーヴィスの組織化及び遂行の原理として強調されるのは、個人の得る経済的報酬よりも、提供されるサーヴィスの内容である。

（ⅶ）　包括的な自治組織を結成している。

（ⅷ）　具体的事例によって、曖昧で疑わしい点が明確化され解釈されてきた倫理綱領をもつ。

以上、8項目をあげている。「教職」はこれらの項目において、少なくとも、「不可欠な社会的サーヴィスを提供する」「知的な技能が重視される」「長期にわたる専門的訓練を必要」「広範囲の自律性が認められている」「判断や行為について広く責任を負うこと」「社会的サーヴィスの組織化及び遂行の原理として強調されるのは、（中略）、提供されるサーヴィスの内容である」などは、すぐにでも「教職」にもあてはまる内容であると考えられている。

特に、「教職」には、「長期にわたる専門的訓練を必要」であることから、このことについては教育基本法及び教育公務員特例法にもその定めがある。

○教育公務員特例法

　第二十一条　教育公務員は、その職責を遂行するために、絶えず**研究と修養**に努めなければならない。

2　教育公務員の任命権者は、教育公務員（公立の小学校校長及び教員（臨時に任用された者その他の政令で定めるものを除く、以下この章におい同じ。）を除く。）の研修について、それに要する施設、研修を奨励するための方途その他研修に関する計画を樹立し、その実施に努めなければならない。

と教特法にある。条文中の太字、「**研究と修養**」の研究の「研」と修養の「修」をとって「研修」とした。リーバーマンの「専門職」の定義にあるように、「教職」は「長期にわたる専門的訓練」があって、すなわち、「研修」があってその職責を果たすことが出来るのである。

「研修」には、それぞれの所属する学校で行われる「校内研修」、それぞれの都道府県教育委員会、政令市及び中核都市などが設置している教育センターなどで行われる「機関研修」、また、職場を離れて長期に取り組む「教職大学院」などへの「派遣研修」などがある。

まず、どのような研修が用意されているか、近くの教育委員会が設置している教育センターのホームページなどで調べて確認することも必要である。また、地元にある「教職大学院」についてもその理念や教育、研究内容等を確認しておくことも「教職」についての理解を進めるのによい機会である。

2.「校内研究」「校内研修」の進め方とその実際

(1) "OJT"(on-the-job training)は日本の伝統

「教職」は「専門職」であるといわれる。「専門職」であり続けるには、「専門職」たることを保障するために、「研修」がある。そのため前述のように「研修」については、教育基本法第九条に「法律に定める学校の教員は、自己の崇高な使命を深く自覚し、絶えず研究と修養に励み、その職責の遂行に努めなければならない」とある。前の章で説明したように「学級経営」ひとつをとっても、まことに高度な教育的な知識と技能が求められ、これらは日々研鑽してその力量を維持増進していかない限りには、十分な指導を行うことは不可能である。ここでは、前述のOECDの調査結果にもあるように、日本の教員がその力量形成のために行っている「校内研修」または「校内研究」の中でも世界的にも注目されている「授業研究」について、その大まかな内容を確認したい。

しかし、近年、世上よく"OJT"ということばを聞くが、これは、"on-the-job training"の略で、その意味は「職場にいる従業員を職務遂行の過程で訓練すること」だそうである。日本の学校の教育現場では、歴史的には定かではないが明治5年の学制発布以来、学校制度が整備されるにしたがい、この"OJT"にあたる「校内研修」または「校内研究」が行われてきたのである。

また、日本の企業文化にも業務に取り組む過程でその企業の業務を学び身につけていく、という考え方が一般的だった。会社の中で一人の人間を育てる、という文化があった。所謂、グローバル化、欧米化の波に洗われ日本固有の伝統的な文化が弱体化したことはいなめない。しかし、学校現場にはまだその伝統は色濃く残っている。

(2)「道徳の時間」の教科化と小学校英語の早期化、教科化

前段が長くなった。今回の学習指導要領の改訂で「道徳の時間」と5年と6年で行っていた小学校外国語（英語）活動が「教科化」して新しい「教科」が誕生した。それは「特別な教科　道徳」であり、小学校英語活動の早期化、従来、小学校5年生と6年生で行われていた「外国語（英語）活動」が小学校3年生と4年生で行われるようになり、「早期化」された。また、小学校5年と6年では「外国語（英語）活動」が「活動」ではなく、「外国語（英語）科」となり、「教科化」された。

　そこで、ここで多くの小学校教員を目指す学生諸君、また、現職の小学校の先生方が外国語（英語）科指導で不安に感じている「音声指導」について、本書では「第18章」として、宮城教育大学教授　鈴木　渉　先生に、「音声指導の要諦」について解説していただいた。興味と関心のある方は一読願いたい。

　さて、ここでは、「特別の教科　道徳」、中学生を対象に創作された道徳教材「タッチアウト」を活用した「授業研究」の実際について解説するが、その前段に、そもそも「校内研究」「校内研修」とは何か、次にその運営の在り方について確認する。

（3）　そもそも「校内研究」「校内研修」とは何か

　第2章でルソーは、「『子』を育むということ、それは『彼ら』を知ることからはじまる」といっている。教員は、まず、それぞれの学校、学級、さらには地域の実態を把握することが必要とされる。

　これは、学校は組織的、計画的、継続的に教育活動を行う機関、組織体であり、その営みが実効的、実質的、実際的であるためには、その対象の実態を把握するため、まず、一般的に取られる手法として、よく観察することが必要だといわれている。

　すなわち、子どもたちをよく観察し『彼ら』を知ることから始める必要がある。それは日々、学校の中での様子を観察することからはじまり、それぞれの子どもの振る舞いの誘因は何かを理解するために、彼らの背後にあるもの、背景をも知らなければならない場合もある。そして、そこで知り得たまことに個人的な内容については、これを軽々に口外することはできない。第15章で確認するが、法令上、教員の服務上の義務として、「職員は、職務上知り得た秘密を漏らしてはならない。その職を退いた後も、また、同様とする」と地方公務員法第三十四条にその定めがある。

　ルソーが述べたように、「『子』を育むということ、それは『彼ら』を知ることからはじまる」、そして、その結果、その学校の「教育課題」または「教育実践課題」というものが明らかになるのである。この「課題」は、何に対しての課題かというと、「教育基本法」の目標、目的の実現のための課題であり、もっと具体的なものであれば、「学習指導要領」が目指すものに対する課題である。

　このことは、一般の企業におきかえれば、市場調査、マーケティングという

ことになろうか。ここのところが明確に実態に即して把握されないとことには
はじまらないのである。「校内研究」とはこの「教育課題」「教育実践課題」を解
決するための過程であり、「校内研修」はそれに必要な知識、技能を教員が習得
する、活用できるようになるための学びの場なのである。

　学校は「学び舎」である。それは子どもたちにとっても教員にとっても同じ
く「学び舎」なのである。学校経営の根本はこの「学び舎」をどのように育て高
めていくか、という一点にある。

(4)「校内研究」「校内研修」運営の実際

　前述のようにそれぞれの学校においては、その学校の「教育課題」または「教
育実践課題」を正確に把握することが必要だ。これら一連の活動を校内で担当
するのが「研究主任」である。「教務主任」は学校の教育活動全般、教育課程の
実施が適正、適切に行われているかどうかを担当する主任であり、「研究主任」
には、前述の「教育（実践）課題」を把握しその解決のためにどのような手立て、
道筋、方法を採るかを考え具体の解決策を「校内研究計画」や「校内研修計画」
という具体的な計画の形で教職員に提案、実施する中心としてその役割を果た
すこととが期待されているのである。

　たとえば、先程も述べたが、今般、学習指導要領が改訂され、旧来の「道徳の
時間」が「考え、議論する道徳」を標榜して「特別の教科　道徳」として教科化
され、さらに、小学校においては外国語（英語）活動が早期化、教科化された。
そこで、それぞれの学校では、それぞれの学校の実態を踏まえつつこれら教科
化された教科の実際の指導、すなわち、授業の在り方を探る研究と研修が行わ
れるよう多くの学校が現在、計画を立てていることは想像にかたくない。

　すなわち、「校内研究」「校内研修」の運営は、まず「教育（実践）課題」を把握
する。次に、課題解決のための計画を企画、立案する。そして、それらを実際に
実施して、課題解決という目標に照らして子どもたちの育ちを確認する。確認
の方法は様々であるが観察が基本で、確認の結果を解釈して、計画を修正して、
さらに、研究と研修が行われる、という一連の経過を踏むのである。

(5)「授業研究」の実際

　ではここで、「校内研究」や「校内研修」で日本の学校で頻繁におけなわれて
いる「授業研究」の実際について解説する。「授業研究」とは、簡単に説明すると、

一人の教員が自分の「授業」をいくつかの観点、視点を設けて、他の教員に参観してもらう。「授業」後、事前に設けた観点、視点に沿って意見や感想、ひいては、あまりうまくいかなかったところについては、その改善策などを教えてもらう、提案してもらう、ということが行われる。

　まず、「授業研究」の一般的な流れをみてみよう。

　「授業研究」も研究主任提案の研究計画、研修計画に沿って学校の年間行事計画、予定に組み込まれていることが一般的である。「授業研究」は当日の「授業」提案と参観、事後の話し合いである検討会だけではない。「授業研究」はその指導計画、すなわち「指導案」というものを書くところからはじまる。通常、小学校においても中学校においても学年の教員が学年主任を中心に、または、学年内の研究担当の校務分掌（校内での役割分担）、学年分掌（学年内での役割分担）の教員が中心になり、放課後、学年の教員が集まり「指導案」をつくることになる。当然、当日の授業者がその「指導案」の素案をその会合に提案して他の教員からいろいろ意見を述べてもらい、それらを参考に、それらに沿って「指導案」の案を書き直しながら「指導案」を完成させていく。

　学校全体の「教育課題」が、たとえば、「本校の子どもたちの一般的な傾向として、自分の感じたことや考えたことをまとめて人に分かり易いように話すことが苦手で、自分の感じたことや考えたことを見直し深めることがよくできない」となれば、授業の中で子どもの発言を引き出し、そして、他の子どもの発言を聞いて自分のそれとを見比べて、さらに確かなものにしていくための指導過程をどのように組むか、ということを念頭に学年の教員が授業者から提案された「指導案」を検討することになる。

　次に、検討が一段落すると、授業者の担任する学級以外の学級で、学年で練り上げた「指導案」でその学級の担任が事前に授業を行い、学年の教員が参観して、参観後に学年でその授業について検討し、「指導案」をさらに修正する、ということをして、「校内授業研究」に備える、ということになる。

　学校全体で行われる校内「授業研究」に「授業」を提案する「授業」はこのようにして、通常は学年単位で、学年の教員が知恵を出し合い、互いに教え合い、刺激し合ってひとつの「授業」を創りあげていくのである。そこではどの教員も共通にその学校の「教育（実践）課題」を共有していることが重要で、そのこ

とが「授業」後の話合いの深まりを決める。

　「授業」参観時には、研究主任から「参観シート」のようなものが配布され、そこには「教育（実践）課題」解決に通ずる授業参観の視点が数点記載されていて、その視点に沿って参観者は授業を参観して事後の話合い、授業検討会とも合評会ともいわれる話合いに参加して視点に沿った意見や感想を交換することになる。なぜその様な視点を設けるかといえば、ただの印象論のみに話合いが終始することを避けるためと、一番大切なことは、何度も繰り返すことになるが、その学校の「教育（実践）課題」の解決につなげるためなのである。

（6）　道徳教材『タッチアウト』の授業研究

　前述のように「道徳の時間」が教科化され、「特別の教科　道徳」となった。そこでは、「考え、議論する道徳」が求められているが、「どうも本校の生徒は話合いが苦手だ」となれば、「考え、議論する道徳」授業を実際に実践するためにはどうするか、ということを授業者も学年の教員も一緒になって一人一人の生徒の顔を頭に思う浮かべながら考える、工夫するのである。

　まず、道徳教材『タッチアウト』を虚心坦懐に、先入観なしに読む。読んでこの教材で何を学ぶことができるのか、何が話し合えるのか、ということを考えるのである。「道徳」の指導内容は「学習指導要領」内容項目としてまとめられている。本来であればこの内容項目の内容をしっかり読んで理解しておくことが必要なのである。英語科の教員が英語科の授業で何を指導するのか、児童生徒に何を学ばせるのか、知らない教員はいないと思う。それと同様、「道徳」の内容項目の理解は欠かせない。

　道徳授業の「指導案」の「指導過程」を考える。「指導案」にはいろいろな形式があり、ここではそのことを説明することが目的ではないので省略する。「指導過程」とは、すなわち、中学校であれば1時間の授業、50分間の授業の流れである。どのような手順、順序で授業が行われるか、進めるのかということを記載した、いわば、工程表のようなものなのである。その「指導過程」をどのように組むかをまず考える。

　そのためにはまず、教材を読んで、何について話し合うかを決めて、さらにその話合いが教材のどの場面で行われるのか、「中心場面」を特定して、実際にどのように生徒に問いかけるのか、所謂、「発問」を考えるのである。この「発問」

の文言次第で生徒と生徒の話合いが十分に行われるか、行われないかの分かれ
道となるのである。

　「発問」を考え練り上げる際には、学級の一人一人の生徒の顔が念頭に浮か
ぶ。それぞれの生徒のものの見方や考え方、思考の仕方などなどいろいろ考え
て「発問」を練り上げるのである。その際、学年の他の教員の参考意見や、事前
の他の学級での『タッチアウト』を活用した予備授業の結果などが大いに参考
になるのである。

　このような経過を経て校内「授業研究」が行われるのである。教員の日々の
仕事はどの仕事も濃淡はあるにせよ児童生徒の望ましい成長につながるもので
あり、教員の立場からみると子どもにつながる仕事そのものが研究であり研修
であるといえる。

　ここまで、「校内研究」「校内研修」、さらに、校内「授業研究」の大まかな内容
を確認してきた。最後に、教員研修に関連して、第6章の＜参考資料＞に中央
教育審議会答申の中にまとめられた「新たな教育課題に対応した教員研修・養
成」としていくつかの項目が、分かりやすく表としてまとめられているので、
参考にされたい。

　⬜課題⬜　「教職」は「専門職」といわれるが、リーバーマンの定義を参考に他の専
　　　　門職、たとえば、医師や弁護士、公認会計士などとの比較をして、その内
　　　　容を書き出して、他の学生と比較、検討する。

＜参考・引用文献＞
中央教育審議会答申 (2015).「これからの学校教育を担う教員の資質能力の向上につい
　　て」(2015 (平成27) 年12月21日)：東京　文部科学省

第12章　教育法規の基礎・基本

第12章と第13章は、「教員に課せられる服務上・身分上の義務及び身分保障」についての理解を進めることをねらいとしている。そのためには、まず、教育法規の理解は欠かせない。本章では、教育法規の全体像を簡潔に解説する。次章においては教員の服務と身分保障について概観する。

　教育法規を読み解くには、菱村幸彦著「やさしい教育法規の読み方」(教育開発研究所) は欠かせない。興味と関心のある諸君は是非一度、繙くことを勧めたい。本章と次章は、多くがこの菱村 (2015) の解説に拠っている。

1. 教育に関係する主な法律
　「教育法規」とは文字通り「教育に関する法規」を意味するが、「法規」という用語以外にも、「法」「法律」「法令」といったさまざまな用語がある。これらの用語の意味を確認したい。
　「法」とは、社会の秩序を維持するための行為規範 (ルール) を意味する。これは、憲法、法律、政令、省令、条例、規則などの成文法 (文字で書かれた法規範) のほか、慣習法や判例法などの不文法 (文字で書かれていない法規範) が含まれ、一番広い概念である。
　「法律」は、これに対して、憲法で定められたわが国、唯一の立法機関である「国会」が定めた成文法である。国会で定めるとは、衆議院、参議院の本会議にて可決して成立した成文法である。
　「法令」とは、「法律と命令」をいう。「命令」には「政令と省令」がある。ときには「規則」や「条例」なども含めることもあるが、これはむしろ「法規」という用語で表現する。内閣が定めるのが「政令」であり、各省大臣が定めるのが「省令」である。「省令」は、たとえば、「学校教育法施行規則」というように「〇〇法施行規則」と呼ばれるものが多いが「小学校設置基準」などという例もある。
　この他に、「規則」には衆参両院の規則、最高裁判所の規則、人事院の規則、文化庁の規則などがあり、ほぼ「省令」と同じ効力がある。

　さらに、地方公共団体が定める「規則」がある。地方公共団体の長のほか、人事委員会や教育委員会がその権限に属する事務に関して「規則」を定めることができる。地方公共団体の議会が議決により定める法規である「条例」がある。これら法規には上下連なる段階的構造をなしており、上位の法令（「条例」）が、下位の法令（地方公共団体の定める「規則」）に優先する。

　ここでまず憲法を確認したい。わが国の憲法は正式には「日本国憲法」という（以後、「憲法」という。）。憲法は、わが国の統治に関する根本原則を定める最高法規であり、憲法の諸規定のなかで、教育に関するものは第二十六条にその定めがある。

○日本国憲法
　第二十六条
　　すべての国民は、法律の定めるところにより、その能力に応じて、ひとしく教育を受ける権利を有する。
　２　すべての国民は、法律の定めるところにより、その保護する子女に普通教育を受けさせる義務を負う。義務教育は、これを無償とする。

　つまり、憲法二十六条は、国民に対して教育を受ける「権利」を保障している一方で、その子女に普通教育を受けさせる「義務」を課している。就学義務は子どもではなく、その親に課している。そして、国民の教育を受ける権利を実質的に保障するため、義務教育を無償とすることを定めている。

　前章まで「教職」の様々な側面を確認してきたが、その根底には法令の規定がある。学校は法令に基づいて管理、運営されている、と言っても過言ではない。ここで学校に関連する基本的な法令を確認する。

　日本国憲法
　教育基本法
　地方教育行政の組織及び運営に関する法律

学校教育法
　　地方公務員法
　　教育公務員特例法
　　学校保健安全法

　以上、憲法と６つの法律があるが、近年、いじめ問題が顕在化、社会問題化されるに及んで、「いじめ防止対策推進法」が制定されている。
　それぞれの法律が何を定めるものであるかは、その法律の冒頭にある趣旨や目的を確認すればよい。たとえば、「地方教育行政の組織及び運営に関する法律」（以後、「地方教育行政法」という。）の第一条には、「この法律の趣旨」として「この法律は、教育委員会の設置、学校その他の教育機関の職員の身分取扱その他地方公共団体における教育行政の組織及び運営の基本を定めることを目的とする」と定めている。これを確認すれば地方教育行政法の全体像がわかるのである。前述の６つの法律においても同様である。地方教育行政法は全体が六章七三ヵ条（枝番号を含む）から成る、かなり長文の法律であるが、ポイントは３つで、第一に首長と教育委員会との関係、第二に教育委員会と学校の関係、第三に文部科学大臣と教育委員会相互の関係を定めている、ということになる。興味のある諸君は、実際に法律の条文を読んでみることをお勧めする。
　ここでは、教育基本法は前文と主な条文を、さらに、次の５つの法律が何を定めているのか、簡単に確認したい。

○教育基本法
　我々日本国民は、たゆまぬ努力によって築いてきた民主的で文化的な国家を更に発展させるとともに、世界の平和と人類の福祉の向上に貢献することを願うものである。
　我々は、この理想を実現するため、個人の尊厳を重んじ、真理と正義を希求し、公共の精神を尊び、豊かな人間性と創造性を備えた人間の育成を期するとともに、伝統を継承し、新しい文化の創造を目指す教育を推進する。
　ここに、我々は、日本国憲法の精神にのっとり、我が国の未来を切り拓く教育の基本を確立し、その振興を図るため、この法律を制定する。

第一章　教育の目的及び理念

（教育の目的）

第一条　教育は、人格の完成を目指し、平和で民主的な国家及び社会の形成者として必要な資質を備えた心身ともに健康な国民の育成を期して行われなければならない。

（教育の機会均等）

第四条　すべての国民は、ひとしく、その能力に応じた教育を受ける機会を与えられなければならず、人種、信条、性別、社会的身分、経済的地位又は門地によって、教育上差別されない。

2　国及び地方公共団体は、障害のある者が、その障害の状態に応じ、十分な教育を受けられるよう、教育上必要な支援を講じなければならない。

3　国及び地方公共団体は、能力があるにもかかわらず、経済的理由によって修学が困難な者に対して、奨学の措置を講じなければならない。

第二章　教育の実施に関する基本

（学校教育）

第六条　法律に定める学校は、公の性質を有するものであって、国、地方公共団体及び法律に定める法人のみが、これを設置することができる。

2　前項の学校においては、教育の目標が達成されるよう、教育を受ける者の心身の発達に応じて、体系的な教育が組織的に行われなければならない。この場合において、教育を受ける者が、学校生活を営む上で必要な規律を重んずるとともに、自ら進んで学習に取り組む意欲を高めることを重視して行われなければならない。

（教員）

第九条　法律に定める学校の教員は、自己の崇高な使命を深く自覚し、絶えず研究と修養に励み、その職責の遂行に努めなければならない。

2　前項の職員については、その使命と職責の重要性にかんがみ、その身分は尊重され、待遇の適正が期せられるとともに、養成と研修の充実が図られなければならない。

○学校教育法

[学校の範囲]

　第一条　この法律で、学校とは、幼稚園、小学校、中学校、義務教育学校、高
　　等学校、中等教育学校、特別支援学校、大学及び高等専門学校とする。

○地方公務員法

（この法律の目的）

　第一条　この法律は、地方公共団体の人事機関並びに地方公務員の任用、人
　　事評価、給与、勤務時間その他の勤務条件、休業、分限及び懲戒、服務、退
　　職管理、研修、福祉及び利益の保護並びに団体等人事行政に関する根本基
　　準を確立することにより、地方公共団体の行政の民主的かつ能率的な運営
　　並びに特定地方独立行政法人の事務及び事業の確実な実施を保障し、もっ
　　て地方自治の本旨の実現に資することを目的とする。

○教育公務員特例法

（この法律の趣旨）

　第一条　この法律は、教育を通じて国民全体に奉仕する教育公務員の職務と
　　その責任の特殊性に基づき、教育公務員の任免、給与、分限、懲戒、服務及
　　び研修等について規定する。

○学校保健安全法

（目的）

　第一条　この法律は、学校における児童生徒等及び職員の健康の保持増進を
　　図るため、学校における保健管理に関し必要な事項を定めるとともに、学
　　校における教育活動が安全な環境において実施され、児童生徒等の安全の
　　確保が図られるよう、学校における安全管理に関し必要な事項を定め、も
　　つて学校教育の円滑な実施とその成果の確保に資することを目的とする。

　以上、それぞれの法律の目的が明示されている。これらの目的、規定内容を
よく把握して条文を読む、ということが大切である。すなわち、条文をまず読

むことがその理解の第一歩である。

　しかしながら、学校現場は法律論のみで様々な問題が解決するほどたやすくはない。法規を知ったうえでそれでもなおかつ実状に応じて様々なことに対応していく柔軟性が必要である。

2.「学習指導要領」と「教科書」に関する規定

　ここで、「学習指導要領」と「教科書」が教育法規にどのように規定されているか確認する。

○学習指導要領

　学習指導要領は、通常、10年ごとに改訂される。これを受けて教科用図書が編修され文部科学省で検定が行われ合格し各地区で採択された図書が、一般的に「教科書」として小学校、中学校においては無償でこれが子どもたちの手に届くのである。

　ここでは、学習指導要領の法的拘束力について確認する。

　学習指導要領に関する法令の規定は、次のようになっている。

　すなわち、学校教育法第三十三条には、「小学校の教育課程に関する事項は、第二十九条及び第三十条の規定に従い、文部科学大臣が定める」と定め、同法百四十二条は、「この法律に規定するもののほか、この法律施行のため必要な事項については文部科学大臣が、これを定める」と規定している。

　学校教育法第二十九条は、〔小学校の目的〕を定め、条文は「小学校は、心身の発達に応じて、義務教育として行われる普通教育のうち基礎的なものをものを施すことを目的とする」とある。また、第三十条は、〔小学校教育の目標〕を定め、「小学校における教育は、前条（第二十九条）に規定する目的を実現するために必要な程度において第二十一条各号（〔義務教育の目標〕）に掲げる目標を達成するように行われるものとする」とある。

　こうした法律の規定を受けて、文部科学省の省令、文部科学大臣が定める法規命令である学校教育法施行規則第五十二条には、「小学校の教育課程にについては、この節に定めるもののほか、教育課程の基準として文部科学大臣が別に公示する小学校学習指導要領によるものとする」と定めているのである。こ

こでは小学校の例を述べたが、この法制は中学校および高等学校でも同じである。

　すなわち、これらの諸規定からみて、学校教育法は、国会の衆議院、参議院で議決された法律であり、その委任を受けて文部科学大臣が定めた省令である学校教育法施行規則が定められ、その施行規則を受けて学習指導要領が告示されているのである。

○検定教科書の使用義務

　中学校のある保護者から「英語科の教科担任教師が授業で教科書を一切使用せず自分で自主教材を編纂、活用して授業をしている。公立高校の受験を控えて不安だ」との訴えがあった。早速、学年主任は当該教師に事実確認を行った。

　余談になるが、学校ではさまざまなことが勃発する。その事柄を側聞しただけでは足りない。必ず可能であれば当事者及びその周辺の人物から事の内容、真相を正確に聞き取る、把握する事実確認が必要になる。このことは学校に限ったことではないが、はじめの段階でこの事実確認が甘かったり、不正確であったり、偏っていたために後々対処が難しい、厳しい状況に追い込まれることが多々あるので十分に気をつけたい。

　当該教師は、生徒の実態にかんがみて自主教材が適切であると主張した。しかし、教科の授業に一切検定教科書をしないことは、学校教育法に違反することになる。学校教育法第三十四条には、「小学校においては、文部科学大臣の検定を経た教科用図書又は文部科学省が著作の名義を有する教科用図書を使用しなければならない」と定め、教科書の使用義務を規定している（この条文は、中学校と高等学校にも準用される）。

　このように、法律で教科書の使用義務を定めるのは、教育の機会均等の実現にある。教育の機会均等については前述の日本国憲法にその定めがある。もう一度ここでその条文を確認する。日本国憲法第二十六条に、「すべての国民は、法律の定めるところにより、その能力に応じて、ひとしく教育を受ける権利を有する」と定めている。

　そして、学校教育法で教科書の使用義務を定めるのは、教育の機会均等の実現にある。というのは、公教育における教育の機会均等とは、単に教育を受け

る機会の保障だけではなく、同質同等の教育内容が保障されることも意味しているのである。

　しかし、教科書に使用義務があるということは、教科書以外の教材を用いてはならないということではない。ここで教科書に関する重要な法規を確認したい。それは、「教科書の発行に関する臨時措置法」であり、その第二条［定義］に教科書の定義が定められている。すなわち、「この法律において『教科書』とは、小学校、中学校、義務教育学校、高等学校、中等教育学校及びこれらに準ずる学校において、教育課程の構成に応じて組織排列された教科の主たる教材として、教授の用に供せられる児童又は生徒用図書であり、文部科学大臣の検定を経たもの又は文部科学省が著作の名義を有するもの」とされている。

　教科書の使用義務とは、教科の学習において教科書を「主たる教材」として使用する必要を意味するものであり、教科書を唯一絶対の教材として扱うことを求めているのではない。学校教育法第三十四条二項には、「教科用図書以外の図書その他の教材で、有益適切なものは、これを使用することができる」と規定している。補助教材の積極的な活用を認めており、法律上も教科書唯一主義はとっていないのである。

|課題| 実際に「教育小六法」などを繙いて、前述の法律の条文を読み、それぞれの法律で定められている内容を実際に確認する。

＜引用・参考文献＞
菱村幸彦 (2015).『新訂第5版　やさしい教育法規の読み方』東京：教育開発研究所
菱村幸彦編著 (2015).『教育法規の要点がよくわかる本』東京：教育開発研究所

第13章　教員に課せられる服務上、身分上の義務及び身分保障

> 本章では、「教員に課せられる服務上・身分上の義務及び身分保障」について、特に、服務上や身分上の義務、さらに、身分保障について確認する。全体の奉仕者である教員は非行があった場合、その意に反して処分を受ける場合がある。その内容も確認したい。

1. 教師の身分を法律で保障

　教師の身分は地方公務員法や教育公務員特例法などの法律で手厚く保障されている。公務員などというと、「教師はあくまで教育者であり、公務員だなんて、そんな役人意識で教育ができるか」など、若干の抵抗があるのではないだろうか。しかし、これは教師が専門職であることに起因しているのではないだろうか。教職はすぐれて精神的な職業である。しかも特殊な能力・技能が要求される。これは長い修学期間の後に得られるものであり、その後も絶えず自己研鑽により深めることが必要とされている。また、教職は公に認証された資格、教員免許状を必要としている。

　これらの要件は、いずれも専門職の要件である。教職が社会的に高く評価されるのは、まさにこのゆえんである。だが、法律論としては、公立学校の教師は、まず公務員なのである。そのことを抜きにしては、話は進まない。

　公立学校の教師の「身分」は、地方公務員法に定められている。この「身分」などというと、なにか階級とか階層を連想して、また、反発を感じることがあるかもしれないが、ここでいう「身分」というのは教師としての法的な地位というくらいの意味である。

　まず、地方公務員法とはいかなる法律かは、前章でその目的は確認した。もう一度、ここで、第一条の目的の規定をみてみると、第一条には、「人事行政に関する根本基準を確立することにより、地方公共団体の行政の民主的かつ能率的な運営（中略）を保障し、もって地方自治の本旨の実現に資することを目的とする」とある。そして、本法が規定する具体的内容として、次の諸事項をあげている。

総則／人事機関／任用／人事評価／給与／勤務時間その他の勤務条件／休業／分限及び懲戒／服務／研修／福祉及び利益の保護／職員団体

　地方公務員法は、これらの諸事項について必要な規定を設けており、公立学校の教師にも原則としてこれらの諸規定が適用されるが、注意を要するのは、この地方公務員法のほかに教師には教育公務員特例法が特別法として適応されることである。

　したがって、教師の身分について法令がどうなっているかを知るには、地方公務員法のほかにこの教育公務員特例法の規定も確認する必要がある。

2. 教師の採用と転任

　まず、「任用」とは、職に欠員が生じた場合に、採用、昇任、降任、転任のいずれかの方法により行うものであり（第十七条）、任用の根本基準は成績その他の能力の実証に基づいて行われる（第十五条）。ここで条文を確認する。

　※本文に説明された順に条文を確認する。

〇地方公務員法
第十七条　職員の職に欠員を生じた場合においては、任命権者は、採用、昇任、降任又は転任のいずれかの方法により、職員を任命することができる。
第十五条　職員の任用は、この法律の定めるところにより、受験成績、人事評価その他の能力の実証に基づいて行わなければならない。

　教師となるためには、一定の資格を要する。積極的要件としては、いうまでもなく教員免許状がなければならないが、そのほか消極的要件として欠格条項に該当してはならない。欠格事項には地方公務員法上の条項（第十六条）と学校教育法上の条項（同法第九条）があるが、教師の場合は後者のほうが大切となる。

〇学校教育法
［校長・教員の欠格事由］

第九条　次の号のいずれかに該当する者は、校長又は教員となることはできない。

一　禁錮刑以上の刑に処せられた者

二　教育職員免許法第十条第一項第二号又は第三号に該当することにより免許状がその効力を失い、当該失効日の日から三年を経過しない者

三　教育職員免許法第十一条第一項から第三項までの規定により免許状取り上げの処分を受け、三年を経過しない者

四　日本国憲法施行の日以後において、日本国憲法又はその下に成立した政府を暴力で破壊することを主張する政党その他の団体を結成し、又はこれに加入した者

○教育職員免許法（免許法）

第十三条第一項第二号又は第三号

第十一条第一項から第三項

　※長文のため省略、教育小六法などで各自条文を確認のこと。

　公務員の採用は、原則として人事委員会の行う競争試験による（第十八条）。しかし、教師については、教育公務員特例法に例外規定（同法第十一条）があり、競争試験ではなく、教育委員会等の行う「選考」によることとなっている。

○教育公務員特例法

（採用及び昇任の方法）

第十一条　公立学校の校長の採用（現に校長の職以外の職に任命されている者を校長の職に任命する場合も含む。）並びに教員の採用（現に教員の職以外の職に任命される者を教員の職に任命する場合を含む。以下この条において同じ。）及び昇任（採用に該当するものを除く。）は、選考によるものとし、その選考は、大学附置の学校にあっては当該大学の学長が、大学附置の学校以外の公立学校（幼保連携型認定こども園を除く。）にあってはその校長及び教員の任命権者である教育委員会の教育長が、大学附置の学校以外の公立学校（幼保連携型認定こども園に限る。）にあってはその校長及び教員の任命権者

である地方公共団体の長が行う。

　競争試験は受験者相互の優劣の判定であるのに対し、選考試験は一定基準に適合しているか否かの判定である点が異なる。教師に採用されると1年間は条件付採用となる（教育公務員特例法第十二条）。1年間良好な成績で職務を遂行したとき、はじめて正式採用となる。条件付採用は、公務員の適格性を実地に検討するための任命権者に与えられた権限である。

3. 教師の身分の保障

　公務員の身分は、法律で保障されている。正当な事由なしに、むやみに本人の意に反して降格されたり、免職されたりすることはない。地方公務員法第五節「分限及び懲戒」はそのことを規定している。

　地方公務員法第二十七条は、すべての職員の分限および懲戒については、公正でなければならないと定め、その第二項で、職員は法律で定める事由による場合でなければ、その意に反して「降任」され、「免職」されないと明記されている。しかし特定の場合には、その意に反して不利益を受けることがある。それは分限処分と懲戒処分である。

　「分限」とは身分に関する規律の意であるが、分限処分としては地方公務員法第二十八条一項で次の事由を揚げている。

　①勤務実績がよくない場合

　②心身の故障のため、勤務遂行に支障があり、またこれに堪えない場合

　③その他、その職に必要な適格性を欠く場合

　④職制や定数の改廃または予算の減少により廃職や過員を生じた場合

同法二項では、分限休職として次の二つの場合を規定している。

　①心身の故障のため長期の休養を要する場合

　②刑事事件に関し起訴された場合

　これらの事由のある場合は、その意に反して免職、降任、休職等を行うことが認められている。また、平成十九年の教育公務員特例法の改正で指導力不教員に対する分限処分の規定が新たに加わり、公立学校教員の任命権者は、児童生徒等に対する指導が不適切であると認定した教員に対し、指導改善研修（原

則１年、最長２年）を実施し、指導改善研修の終了時に指導の改善の程度に関する認定を行って、なお児童生徒等に対する指導を適切に行うことができないと認める者について、免職その他の必要な措置を講ずることが定められた（教育公務員特例法第二十五条の二、二十五条の三）。

分限処分と並ぶ懲戒処分は、公務員の服務義務違反に対する制裁である。これは公務員関係における秩序維持のために行われるものであり、刑事罰とは異なることに留意されたい。

地方地方公法第二十九条は、懲戒処分の事由として次のように定めている。

①地方公務員法、教育公務員特例法またはこれらの法律に基づく条例・規則に違反した場合

②職務上の義務に違反し、また職務を怠った場合

③全体の奉仕者たるにふさわしくない非行のあった場合

懲戒処分は、その程度に応じて「戒告」「減給」「停職」「免職」のいずれかの処分が付される。

4. 教育公務員の「服務」

服務とは、「仕事に従事する」ことで、これは民間企業でも用いられる用語である。「服務義務」とは、その仕事に従事するものが守るべき義務のことである。ここではこの「服務義務」について確認したい。

公立学校の教職員は地方公務員の身分を有することから、地方公務員法（第三十条〜第三十八条）に地方公務員としての服務義務が課されている。

まず、地方公務員の服務義務は、「職務上の義務」と「身分上の義務」に分けることができる。

服務義務：その仕事に従事する者が守るべき義務
○職務上の義務
　職員が職務を遂行するにあたり守るべき義務
　・服務の宣誓（地方公務員法第三十一条）
　・法令等及び上司の職務上の命令に従う義務（第三十二条）
　・職務に専念する義務（第三十五条）

○身分上の義務

　勤務時間の内外や職務遂行の有無を問わず、職員が地方公務員としての身分を有する限り守るべき義務

　・信用失墜行為の禁止（第三十三条）

　・秘密を守る義務（第三十四条）

　・争議行為等の禁止（第三十七条）

　・政治的行為の制限（第三十六条、教育公務員特例法第十八条）

　・営利企業等の従事制限（第三十八条）→教育公務員特例法第十七条で緩和

　以上をあげることができるが、このなかでも特に、「職務に専念する義務」、「信用失墜行為」、「政治的行為の制限」の３点について少し詳しく確認したい。

●職務専念義務

　地方公務員法第三十五条には、「職員は、法律又は条例の特別の定める場合を除く外、その勤務時間及び職務上の注意力のすべてをその職責遂行のために用い、当該地方公共団体がなすべき責を有する職務のみに従事しなければならない」と定めている。時間があればそれぞれの条文を繙くことを勧めたい。

　職務専念義務が免除される場合

　○法律に定めるものとしては、主に次のようなものがある。

　　休職処分（地方公務員法第二十八条二項）

　　停職処分（同法第二十九条一項）

　　適法な交渉（同法第二十九条一項）

　　組合の専従休職（同法第五十五条の二）

　　勤務場所以外の研修（教育公務員特例法第二十二条二項）

　　承認を得た兼職・兼業（同法第十七条）

　　年次有給休暇（労働基準法第三十九条）

　　産前産後の休暇（同法第六十五条）

　　育児時間（同法第六十七条）

　　生理休暇（同法第六十八条）

育児休業（地方公務員育児休業法二条）

条例としては、各地方公共団体で若干の違いがあるが、たとえば、「休暇に関する条例」、「休暇に関する人事委員会規則」と「職務専念義務の特例に関する条例」などがある。これらは前述の項目を各地方公共団体ごとに再度定めた場合が多い。時間が許せば確認する必要がある。

●信用失墜行為

地方公務員法第三十三条には、「職員は、その職の信用を傷つけ、又は職員の職全体の不名誉となるような行為をしてはならない」との定めがある。憲法第十五条には、「すべての公務員は、全体の奉仕者であって」と定められている。

この信用失墜行為の禁止という服務義務は、勤務時間の内外を問わず、地方公務員としての身分を有する限り適用されることに留意する必要がある。

その特徴をまとめると、

特徴

　・身分上の義務

　・公務員としての身分を有する限り課される義務

　・勤務時間中＋勤務時間外にも遵守する義務

　・職務に関係する行為＋職務に関係のない行為にも適用

違反した場合

　・地方公務員法第二十九条一項一号、三号の事由により「懲戒処分」の対象

信用失墜行為とは具体的にどの様な行為であるか、課題で調査する。

●教師の政治的行為の制限

地方公務員の政治的行為は、地方公務員法第三十六条により制限されている。しかし、教師に対してはこの規定の適用はない。公立学校の教師には、教育公務員特例法第十八条により、先程の地方公務員法第三十六条の適用を排除して、国家公務員法第百十二条が適用される。これは、教師は国民全体の奉仕者たる性格をもつことに由来する。

では、国家公務員法はどのように規定しているのか。

　同法百十二条には、「職員は、政党又は政治的目的のために、寄附金その他の利益を求め、若しくは受領し、又は何らかの方法を以てするを問わず、これらの行為に関与し、あるいは選挙権の行使を除く外、人事院規則で定める政治的行為をしてはならない。②職員は、公選による公職の候補者となることができない。③職員は、政党その他の政治的団体の役員、政治的顧問、その他これらと同様な役割をもつ構成員となることができない」と規定している。

　第二・第三項は比較的わかりやすいが、第一項は具体的に何を禁止しているのか必ずしも明らかではない。それを知るには、条文にもあるように人事院規則を確認しなければならない。「人事院規則十四－七」というのが国家公務員の政治的行為の制限を具体的に規定しているが、実はこれが抽象的規定の羅列となっている。

　同規則では、一定の政治的目的と政治的行為とを別々に定義して、政治的目的をもった政治的行為が、国家公務員法にいう政治的行為の制限の対象となるとしている。

|課題| 信用失墜行為には具体的にどんなものがあるか、またそのような行為に及んでしまった結果、どのような処分を受けることになるのか、新聞報道などから実際にその内容を確認する。

＜引用・参考文献＞
菱村幸彦 (2015).『新訂第5版　やさしい教育法規の読み方』東京：教育開発研究所
菱村幸彦編著 (2015).『教育法規の要点がよくわかる本』東京：教育開発研究所

第14章 チームとしての学校の在り方と今後の改善方策について

これからの学校経営の在り方として専門スタッフや地域の方と協働する「チーム学校」が求められている。本章では「チーム学校」実現に向けた体制整備の在り方を概観する。さらに、次の章においては「チーム学校」と連携・協働する地方創生についてもその内容を把握する。

まず、「チームとしての学校の在り方と今後の改善方策について」[答申] 中央教育審議会 2015 (平成27) 年12月21日までの経緯を時系列に概観する。

○平成18年度教員勤務実態調査　文部科学省　2007 (平成19) 年3月
　OECD国際教員指導環境調査 (TALIS) OECD　2014年 (平成26) 年6月25日
　平成26年度教職員の業務実態調査　文部科学省　2015年 (平成27) 年3月
▶残業時間の増加や部活動への負担感など、教員の多忙化問題が顕在化「平成18年度教員勤務実態調査」では、教員の1ヶ月あたりの残業時間が昭和41年度調査に比べて増加したこと (8時間→42時間)、事務的な業務や生徒指導、補習・部活動等の業務時間が増加していることが明らかとなる。OECD調査では、わが国の教員は課外活動 (スポーツ・文化活動) の指導時間が長く、事務業務も他の調査参加国に比べて長く、「世界で一番忙しい日本の教員」と報道された。平成27年3月の「業務実態調査」では、教職員が部活動への心理的・時間的負担を大きく感じていること、学校徴収金事務に負担を感じていることが報告された。(第3章、第4章参照のこと)

○「これからの学校教育を担う教職員やチームとしての学校の在り方について」[諮問] 文部科学大臣　2014 (平成26) 年7月29日
　諮問の背景として、①教員の指導力向上、②複雑化・多様化している学校課題への対応、③子どもと向き合う時間の取れない忙しい教員の実態を踏まえ、学校組織全体の総合力を一層高めていく重要性が指摘された。

○これからの時代に求められる資質・能力と、それを培う教育、教師の在り方
　について［第七次提言］教育再生実行会議　2015（平成27）年5月14日
▶「チーム学校」の実現を提言

○チームとしての学校の在り方と今後の改善方策について［答申］中央教育審
　議会答申　2015（平成27）年12月21日
　2015年7月の中間まとめを受け取りまとめられた。教師が「授業」に専念で
　きるようにするための環境整備、学校の機能を強化していくために組織とし
　て教育活動に取り組む体制づくり、心理・福祉などの専門スタッフや専門機
　関と連携した「チームとしての学校」の体制整備が求められた。

○＜法律一部改正＞学校教育法施行規則　2017（平成29）年4月1日施行
▶学校職員として、スクールカウンセラー（SC）、スクールソーシャルワーカー
　（SSW）、部活動指導員を法に規定
　中教審答申を受け、「チーム学校」における専門スタッフであるスクールカウ
　ンセラー（SC）、スクールソーシャルワーカー（SSW）、部活動指導員がそ
　れぞれ学校教育法施行規則に規定された（65条の2、65条の3、78条の2）。
　これらの専門スタッフとどう連携・協働し、学校運営に活かしていくか、組
　織マネジメントの必要性が問われている。

　答申までの経緯を踏まえて、ここで答申の概要を確認したい。
　「チームとしての学校の在り方と今後の改善方策について」［答申］【骨子】

1.「チームとしての学校」が求められる背景
<u>（教育活動の更なる充実の必要性）</u>
　我が国の教員は、学習指導、生徒指導等、幅広い業務を担い、子供たちの状況
を総合的に把握して指導し、高い成果を上げている。一方で、新しい時代の子
供たちに必要な資質・能力を育むためには、教育活動の更なる充実が求められ
ている。

<u>（学習指導要領改訂の理念を実現するための組織の在り方）</u>

　子供たちに、必要な資質・能力を育むためには、学校が、社会や世界と接点を持ちつつ、多様な人々とつながりを保ちながら学ぶことができる開かれた環境となることが不可欠であり、これからの教育課程には、教育が普遍的に目指す根幹を堅持しつつ、社会の変化に目を向け、柔軟に受け止めていく「社会に開かれた教育課程」としての役割が期待されている。

　この理念を実現していくためには、各学校において、「アクティブ・ラーニング」の視点を踏まえた不断の授業方法の見直し等による授業改善と「カリキュラム・マネジメント」を通した組織運営の改善に一体的に取り組むことが重要である。

　さらに、「コミュニティ・スクール」や多様な地域人材等と連携・協働して、家庭や地域社会を巻き込み、教育活動を充実していくことが大切である。

（複雑化・多様化した課題）

　その一方で、社会や経済の変化に伴い、子供や家庭、地域社会も変容し、生徒指導や特別支援教育等に関わる課題が複雑化・多様化しており、学校や教員だけが課題を抱えて対応するのでは、十分に解決することができない課題も増えている。

　また、我が国の子供の貧困の状況が先進国の中でも厳しいということも明らかとなっており、学校における対応が求められている。

（我が国の学校や教員の勤務実態）

　国際調査等によると、我が国の教員は、授業に関する業務が大半を占めている欧米の教員と比較すると、授業や生徒指導など様々な業務を行っていることが明らかとなっており、勤務時間も国際的に見て、長いという結果が出ている。

（「チームとしての学校」の必要性）

　学校が、複雑化・多様化した課題を解決し、子供に必要な資質・能力を育んでいくためには、学校のマネジメントを強化し、組織として教育活動に取り組む体制を創り上げるとともに、必要な指導体制を整備することが必要である。

　その上で、生徒指導や特別支援教育等を充実していくために、学校や教員が心理や福祉等の専門スタッフ等と連携・分担する体制を整備し、学校の機能を強化していくことが重要である。

　このような「チームとしての学校」の体制を整備することによって、教職員一人一人が自らの専門性を発揮するとともに、心理や福祉等の専門スタッフ等の参画を得て、課題の解決に求められる専門性や経験を補い、子供の教育活動を充実していくことが期待できる。

　学校において、子供が成長していく上で、教員に加えて、多様な価値観や経験を持った大人と接したり、議論したりすることは、より厚みのある経験を積むことができ、「生きる力」を定着させることにつながる。

2.「チームとしての学校」の在り方
（1）「チームとしての学校」を実現するための３つの視点
　「チームとしての学校」を実現するためには、次の３つの視点に沿って施策を講じていくことが重要である。なお、本答申は、幼稚園から高等学校等の学校を対象としているが、具体の在り方については、学校種や学校の実態等を踏まえ検討する必要がある。

1　専門性に基づくチーム体制の構築
　教員が、学校や子供たちの実態を踏まえ、学習指導や生徒指導等に取り組むため、指導体制の充実が必要である。加えて、心理や福祉等の専門スタッフについて、学校の職員として、職務内容等を明確化し、質の確保と配置の充実を進めるべきである。

2　学校のマネジメント機能の強化
　専門性に基づく「チームとしての学校」が機能するためには、校長のリーダーシップが重要であり、学校のマネジメント機能を今まで以上に強化していくことが求められる。そのためには、優秀な管理職を確保するための取組や、主幹教諭の配置の促進や事務機能の強化など校長のマネジメント体制を支える仕組みを充実することが求められる。

3　教職員一人一人が力を発揮できる環境の整備
　教職員がそれぞれの力を発揮し、伸ばしていくことができるようにするため

には、人材育成の充実や業務改善の取組を進めることが重要である。

（2）「チームとしての学校」と家庭、地域、関係機関との関係

　我が国の学校や教員は、多くの役割を担うことを求められており、子供に対して総合的な指導が可能であるという利点がある反面、役割や業務を際限なく担うことにもつながりかねない側面がある。

　学校と教員の役割は、子供に必要な資質・能力を育むことであることから、学校と家庭や地域との連携・協働により、共に子供の成長を支えていく体制を作り、学校や教員が、必要な資質・能力を子供に育むための教育活動に重点を置いて、取り組むことができるようにしていくことが重要である。

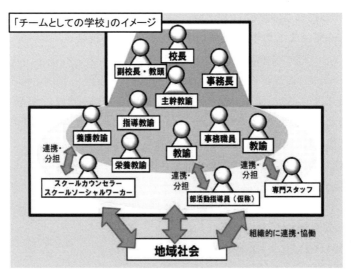

図　「チームとしての学校」イメージ図

（3）　国立学校や私立学校における「チームとしての学校」

　「チームとしての学校」を国・私立学校において推進するに当たっては、その位置付け等に配慮し、各学校の取組に対する必要な支援を行うことが重要である。

3.「チームとしての学校」を実現するための具体的な改善方策

（1）　教職員の指導体制の充実

1　教職員の指導体制の充実

- ・国、教育委員会は、教員が自らの専門性を発揮するとともに、授業準備や研修等に時間を充てることにより、その資質を高めることができるよう、教員の業務を見直し、事務職員や専門スタッフの活用を推進する。
- ・国、教育委員会は、「アクティブ・ラーニング」の視点を踏まえた不断の授業方法の見直し等による授業改善や、いじめ、特別支援教育等に対応するため、必要な教職員定数の拡充を図る。

2　教員以外の専門スタッフの参画

1）　心理や福祉に関する専門スタッフ

- ・国は、スクールカウンセラーやスクールソーシャルワーカーを学校等において必要とされる標準的な職として、職務内容等を法令上、明確化することを検討する。
- ・国は、教育委員会や学校の要望等も踏まえ、日常的に相談できるよう、スクールカウンセラーやスクールソーシャルワーカーの配置の拡充、資質の確保を検討する。

2）　授業等において教員を支援する専門スタッフ

- ・国、教育委員会は、ICT活用のスキルを持った専門人材等の確保、活用を図りつつ、ICT支援員を養成し、学校への配置の充実を図る。
- ・国、教育委員会は、資格・養成の在り方の検討や研修の実施など、学校司書の専門性を確保する方策を検討・実施するとともに、その配置の充実を図る。
- ・国、教育委員会は、効果的なティーム・ティーチングが可能となるよう外国語指導助手の指導力向上のために必要な研修を実施する。
- ・国は、JETプログラムによる外国語指導助手の配置について、所要の地方財政措置を講じる。地方公共団体は、JETプログラムの積極的活用を図るとともに、学校や教職員をサポートする英語の専門人材に対する支援の充実を検討する。
- ・国は、多彩な人材の積極的参加による地域ぐるみの教育を推進するた

め、学校や教職員をサポートするスタッフを配置する地方公共団体に対する支援の充実を検討する。

3) 部活動に関する専門スタッフ
- 国は、学校が、地域や学校の実態に応じ、部活動等の指導体制を整えることができるよう、教員に加え、部活動等の指導・助言や各部活動の指導、顧問、単独での引率等を行うことを職務とする職員を部活動指導員（仮称）として、法令上に位置付けることを検討する。
- 教育委員会等は、部活動指導員（仮称）の任用に際して、指導技術に加え、学校全体や各部の活動の目標や方針、生徒の発達段階に応じた科学的な指導等について理解させるなど必要な研修を実施することを検討する。

4) 特別支援教育に関する専門スタッフ
- 国は、医療的ケアを必要とする児童生徒の増加に対応するため、特別支援学校における看護師等配置に係る補助事業を拡充し、配置人数を増加させる。
- 国は、特別支援教育支援員について、配置実績に応じた所要の地方財政措置を講じる。

3 地域との連携体制の整備
- 国は、地域の力を生かした学校教育の充実や学校全体の負担軽減、マネジメント力の向上を図るため、学校内において地域との連携の推進を担当する教職員を地域連携担当教職員（仮称）として法令上明確化することを検討する。

（2）　学校のマネジメント機能の強化

1 管理職の適材確保
- 国、教育委員会は、校長がリーダーシップを発揮し、学校の教育力を向上させていくため、副校長の配置や教頭の複数配置など、校長の補佐体制を強化するための取組を検討する。
- 国、教育委員会は、副校長及び教頭が力を発揮することができるよう、教頭と事務職員の分担の見直しなど事務体制の整備や、主幹教諭の配置等の取組を進める。

・国は、教育委員会が実施する管理職研修の充実のため、プログラムの開発など必要な支援を行う。

2　主幹教諭制度の充実

・国は、主幹教諭が本来、期待される役割を十分に担い、校長、副校長、教頭を補佐するため、また、主幹教諭のさらなる配置を促進するため、加配措置を拡充することを検討する。

3　事務体制の強化

・国は、事務職員の職務規定等を見直し、事務職員が、学校における総務・財務等の専門性等を生かし、学校運営に関わる職員であることについて法令上、明確化することを検討する。

・学校事務体制の強化を図るための定数措置など、事務体制の一層の充実を図る。

・国は、事務機能の強化を推進するため、事務の共同実施組織について、法令上、明確化することを検討する。

・国は、事務職員が、管理職を補佐して学校運営に関わる職として、自らの専門性を伸ばしていくことができるよう、事務職員を対象とした研修プログラムを教育委員会や事務職員の関係団体等と協力して開発するとともに、開発したプログラムをもとにした各教育委員会における研修の実施を支援する。

（3）　教職員一人一人が力を発揮できる環境の整備

1　人材育成の推進

・教育委員会は、評価者研修を実施するとともに、地方公務員法の趣旨を踏まえ、人事評価の結果を任用・給与などの処遇や研修に適切に反映させることによって、教職員一人一人の成長を促していく取組を進める。

・国は、文部科学大臣優秀教職員表彰について、教職員個人だけでなく、学校単位、分掌単位等の取組を表彰することを検討する。あわせて、表彰された教職員の実践や指導力を活用する方策を検討する。

2　業務環境の改善

・国は、「学校現場における業務改善のためのガイドライン」（平成27年7

月27日文部科学省）等を活用した研修を実施することなどにより、教育委員会の業務改善を支援する。

・教育委員会、学校は、「教職員のメンタルヘルス対策について（最終まとめ）」（平成25年3月29日　教職員のメンタルヘルス対策検討会議）等も参考に、メンタルヘルスに係る一次予防や復職支援等に取り組む。

3　教育委員会等による学校への支援の充実

・国、都道府県は、小規模の市町村において指導主事の配置が進むよう引き続き支援する。

・国は、学校の教職員が、保護者や地域からの要望等に対応するため、弁護士等の専門家から支援を受けたり、専門的な知見を直接聞いたりすることができるような仕組みを教育委員会が構築することを支援する。

・国、教育委員会は、警察や弁護士会等の関係機関、関係団体と連携し、不当な要望等への対応について、実例等に基づいた研修を実施する。

　以上、答申にまとめられたことが現在、具体の施策として企画、立案、実施されようとしている。実際、実施されたもの、されつつあるものもある。次章で説明する答申の内容もあいまって、今後学校は、その姿を大きく変えて行くことになるかもしれない。今後の動向を注視する必要がある。

　章末に「チームとしての学校」像（イメージ図）を掲載したので参考にされたい。

課題　「チームとしての学校」を実現するために必要な教員の資質能力とは何かを考える。

＜参考・引用文献＞

中央教育審議会答申（2015）．「チームとしての学校の在り方と今後の改善方策について」（2015（平成27）年12月21日）：東京　文部科学省

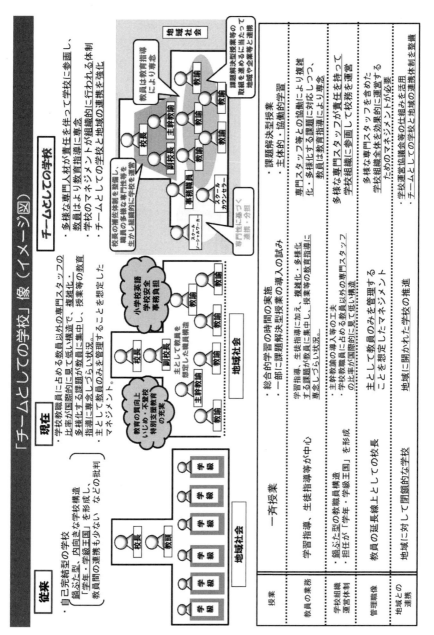

〔「チームとしての学校」像（イメージ図）作業部会事務局作成〕

第15章 新しい時代の教育や地方創生の実現に向けた学校と地域の連携・協働の在り方と今後の推進方策

> 学校を取り巻く課題が複雑化・多様化するなか、これらの解題を解決しながら、「チームとしての学校」が「社会に開かれた教育課程」を実現し、子どもたちを育てていくためには、地域との連携・協働は欠かせない。「開かれた学校づくり」から「地域とともにある学校」への動向を概観する。

0. 中央教育審議会答申「新しい時代の教育や地方創生の実現に向けた学校と地域の連携・協働の在り方と今後の推進方策について」2015（平成27）年12月21日までの経緯

○「地方教育行政の組織及び運営に関する法律の一部を改正する法律の施行について」［通知］文部科学事務次官　2004（平成16）年6月24日

▶「学校運営協議会」を法に規定

　地域に信頼される学校づくりへの必要性の高まりを受け、地方教育行政の組織及び運営に関する法律が改正され、教育委員会の判断で学校に「学校運営協議会」の設置が可能となる。「学校運営協議会」の委員は教育委員会が任命することとし、学校運営協議会の主な役割は、①学校運営の基本方針の承認、②学校運営に関する意見を教育委員会・校長に述べる。③教職員の任用に関して教育委員会に意見が述べられることとした。

○「新しい時代の義務教育を創造する」［答申］中央教育審議会　2005（平成17）年10月26日

▶「学校運営協議会」（コミュニティ・スクール）や学校評議員の積極的な活用を提言

　コミュニティ・スクールとは、「学校運営協議会」を設置している学校である。また、「学校評議員制度」とは、2000年4月にスタートした学校・家庭・地域の連携・協力により「地域に開かれた学校づくり」を推進するための制度である。当該学校設置者の定めるところによって、評議員は校長の推薦により設置者が

委嘱する。「学校評議員」は校長の求めに応じて、学校運営に関し意見を述べることができる。(学校教育法施行規則第四十九条)

○「学び続ける」社会、全員参加型社会、地域創生を実現する教育の在り方について [第六次提言] 教育再生実行会議　2015年 (平成27) 年3月4日
▶すべての学校のコミュニティ・スクール化を提言
　地方創生を成し遂げる必要性から、学校と地域との連携・協働体制の構築、学校を核とした地域づくりを提言した。

○「新しい時代の教育や地方創生の実現に向けた学校と地域の連携・協働の在り方と今後の推進方策について」[答申] 中央教育審議会　2015 (平成27) 年12月21日
▶「地域とともにある学校」への転換が求められる！
　2015年4月の諮問を受け答申。これまでの「学校運営協議会」制度の機能は引き続き備えたうえで、教職員の任用など改善を行うよう提言した。また、すべての公立学校がコミュニティ・スクールをめざすべきであるとし、学校支援地域本部などの活動を基盤に、「地域学校協働本部」へと発展させていくことが必要であるとした。

○学校評価ガイドライン [平成28年改正]　文部科学省　2016年 (平成28) 年3月22日
▶学校評価を通じた保護者・地域との連携・協力の促進期待
　学校教育法の一部改正によって学校評価の実施が法律に盛り込まれたを受け、「学校評価ガイドライン [平成20年度版]」が作成された。その後、平成22年改定を経て、平成28年改訂が示された。学校評価は、①自己評価 (義務)、②学校関係者評価 (努力義務)、③第三者評価 (実施・努力義務なし) の3つがある。

○<法律一部改正>「地方教育行政の組織及び運営に関する法律」「社会教育法」　2017 (平成29) 年4月1日施行
▶教育委員会における「学校運営協議会」設置が努力義務となる。

上記答申を受け、地方教育行政の組織及び運営に関する法律が一部改正・施行され、教育委員会による「学校運営協議会」設置が努力義務となる。また、「学校運営協議会」委員の任命について、校長が教育委員会に意見できること。さらに、社会教育法も一部改正・施行され、①従来の「学校支援地域本部」などの取組が「地域学校協働活動」として推進されていくこと、③教育委員会が「地域学校協働推進員」を委嘱できることが規定された。

○地域学校協働活動の推進に向けたガイドライン　文部科学省　2017年（平成29）年4月25日
▶地域学校協働活動のガイドラインの提示
　教育委員会における「学校運営協議会」設置が努力義務となる。
　上記答申および「『次世代の学校・地域』創生プラン」（2016年1月25日、文部科学省）を受け、策定された。これからの地域連携の具体的な取組が示された。

　以上を受けて、次に、前述の経緯を経て答申された、中央教育審議会答申「新しい時代の教育や地方創生の実現に向けた学校と地域の連携・協働の在り方と今後の推進方策について」2015（平成27）年12月21日の内容を概観する。

1. 時代の変化に伴う学校と地域の在り方
＜教育改革、地方創生等の動向から見る学校と地域の連携・協働の必要性＞
・地域社会のつながりや支え合いの希薄化等による地域の教育力の低下や、家庭教育の充実の必要性が指摘され、また、学校が抱える課題は複雑化・困難化している。
・「社会に開かれた教育課程」を柱とする学習指導要領の改訂や、チームとしての学校、教員の資質能力の向上等、昨今の学校教育を巡る改革の方向性や地方創生の動向において、学校と地域の連携・協働の重要性が指摘されている。
・これからの厳しい時代を生き抜く力の育成、地域から信頼される学校づくり、社会的な教育基盤の構築等の観点から、学校と地域はパートナーとして相互に連携・協働していく必要があり、そのことを通じ、社会総掛かりでの

教育の実現を図る必要がある。

＜これからの学校と地域と目指すべき連携・協働の姿＞
・<u>地域とともにある学校への転換</u>
　　開かれた学校から一歩踏み出し、地域の人々と目標やビジョンを共有し、地域と一体となって子供たちを育む「地域とともにある学校」に転換する。
・<u>子供も大人も学び合い育ち合う教育体制の構築</u>
　　地域の様々な機関や団体等がネットワーク化を図りながら、学校、家庭及び地域が相互に協力し、地域全体で学びを展開していく「子供も大人も学び合い育ち合う教育体制」を一体的・総合的な体制として構築する。
・<u>学校を核とした地域づくりの推進</u>
　　学校を核とした協働の取組を通じて、地域の将来を担う人材を育成し、自立した地域社会の基盤の構築を図る「学校を核とした地域づくり」を推進する。

2. これからのコミュニティ・スクールの在り方と総合的な推進方策

＜これからのコミュニティ・スクールの仕組みの在り方＞
（コミュニティ・スクールの仕組みとしての学校運営協議会制度の基本的方向性）
・学校運営協議会の目的として、学校を応援し、地域の実情を踏まえた特色ある学校づくりを進めていく役割を明確化する必要がある。
・現行の学校運営協議会の機能（校長の定める学校運営の基本方針の承認、学校運営に関する意見、教職員の任用に関する意見）は引き続き備えることとした上で、教職員の任用に関する意見に関しては、柔軟な運用を確保する仕組みを検討する。
・学校運営会議において、学校支援に関する総合的な企画・立案を行い、学校と地域住民等との連携・協力を促進していく仕組みが必要である。
・校長のリーダーシップの発揮の観点から、学校運営協議会の委員の任命において、校長の意見を反映する仕組みが必要である。
・小中一貫教育など学校間の教育の円滑な接続に資するため、複数校について一つの学校運営協議会を設置できる仕組みが必要である。

（制度的位置付けに関する検討）

・学校が抱える複雑化・困難化した課題を解決し子供たちの生きる力を育むためには、地域住民や保護者等の参画を得た学校運営が求められており、コミュニティ・スクールの仕組みの導入により、地域との連携・協働体制が組織的・継続的に確立される。

・このため、全ての公立学校がコミュニティ・スクールを目指すべきであり、学校運営協議会の制度的位置付けの見直しも含めた方策が必要である。その際、基本的には学校又は教育委員会の自発的な意志による設置が望ましいこと等を勘案しつつ、教育委員会が、積極的にコミュニティ・スクールの推進に努めていくよう制度的位置付けを検討する。

＜コミュニティ・スクールの総合的な推進方策＞

・国として、コミュニティ・スクールの一層の推進を図るため、財政的支援を含めた条件整備や質の向上を図るための方策を総合的に講じる必要がある。

　　○様々な類似の仕組みを取り込んだコミュニティ・スクールの裾野の拡大
　　○学校の組織としての総合的なマネジメント力の強化
　　○学校運営協議会の委員となる人材の確保と資質の向上
　　○地域住民や保護者等の多様な主体の参画の促進
　　○コミュニティ・スクールの導入に伴う体制面・財政面の支援等の充実
　　○幅広い普及・啓発の推進

・都道府県教育委員会：都道府県としてのビジョンと推進目標の明確化、知事部局との連携・協働、全県的な推進体制の構築、教職員等の研修機会・内容の充実、都道府県立学校におけるコミュニティ・スクールの推進など

・市町村教育委員会：市町村としてのビジョンと推進目標の明確化、首長部局との連携・協働、未指定の学校における導入時等の推進など

3. 地域の教育力の充実と地域における学校との協働体制の在り方

＜地域における学校との協働体制の今後の方向性＞

　「支援」から「連携・協働」、「個別の活動」から「総合化・ネットワーク化」へ

・地域と学校がパートナーとして、共に子供を育て、共に地域を創るという理念に立ち、地域の教育力を向上し、持続可能な地域社会をつくることが必要

である。

・地域と学校が連携・協働して、地域全体で未来を担う子供たちの成長を支えていく活動を「地域学校協働活動」として積極的に推進することが必要である。

・従来の学校支援地域本部、放課後子供教室等の活動をベースに、「支援」から「連携・協働」、個別の活動から「総合化・ネットワーク化」を目指す新たな体制としての「地域学校協働本部」へ発展させていくことが必要である。

・地域学校協働本部には、①コーディネート機能、②多様な活動（より多くの地域住民の参画）、③持続可能な活動の３要素が必須である。

　→地域学校協働活動本部の全国的な推進に向けて、地域学校協働本部が、早期に、全小中学校区をカバーして構築されることを目指す。

・都道府県・市町村において、それぞれの地域や学校の特色や実情を踏まえつつ、地域学校協働活動を積極的に推進する。国はそれを総合的に支援する。

・地域住民や学校との連絡調整を行う「地域コーディネーター」及び複数のコーディネーターとの連絡調整等を行う「総括的なコーディネーター」の配置や機能強化（持続可能な体制の整備、人材の育成・確保、質の向上等）が必要である。

＜地域学校協働活動の総合的な推進方策＞

・国：全国に質の高い地域学校協働活動が継続的に行われるよう、制度面・財政面を含めた条件整備や質の向上に向けた方策の実施が必要である。

　○地域学校協働活動推進のための体制整備の必要性及びコーディネーターの役割・資質等について明確化

　○各都道府県・市町村における推進に対する財政面の支援

　○都道府県、市町村、コーディネーター間の情報共有、ネットワーク化の支援等

・都道府県教育委員会：都道府県としてのビジョンの明確化・計画の策定、市町村における推進活動の支援、都道府県立学校に係る活動体制の推進等

・市町村教育委員会：市町村におけるビジョンの明確化・計画の策定、体制の整備、コーディネーターの配置、研修の充実等

4. コミュニティー・スクールと地域学校協働本部の一体的・効果的な推進の在り方

・コミュニティー・スクールと社会教育の体制としての地域学校協働本部が相互に補完し高め合う存在として、両輪となって相乗効果を発揮していくことが必要であり、当該学校や地域の置かれている実情、両者の有機的な接続の観点等を踏まえた体制の構築が重要である。

　章末に「学校と地域の効果的な連携・協働と推進体制（イメージ）」を掲載したので参考にされたい。

課題 答申の概要から、これからの日本の地域社会の在り方について各自でまとめてみる。

＜参考・引用文献＞

中央教育審議会答申 (2015).「新しい時代の教育や地方創生の実現に向けた学校と地域の連携・協働の在り方と今後の推進方策について」(2015 (平成27) 年12月21日)：東京　文部科学省

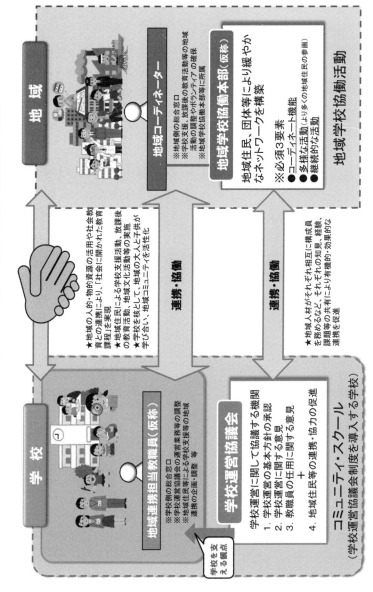

学校と地域の効果的な連携・協働と推進体制（イメージ）

資料3−7

—パートナーシップの構築による新しい時代の教育、地方創生の実現—

地域

地域コーディネーター

※地域側の総合窓口
※学校支援、放課後等の教育活動等の地域活動の調整やボランティアの確保
※地域学校協働本部等に所属

地域学校協働本部（仮称）

地域住民、団体等により緩やかなネットワークを構築

※必須3要素
●コーディネート機能
●多様な活動（より多くの地域住民の参画）
●継続的な活動

地域学校協働活動

★地域の人的・物的資源の活用や社会教育の連携により、「社会に開かれた教育課程」を実現
★地域住民による学校支援活動、放課後の教育活動、地域文化活動等の実施
★学校を核として、地域の大人と子供が学び合い、地域コミュニティを活性化

連携・協働

連携・協働

学校

地域連携担当教職員（仮称）

※学校側の総合窓口
※学校運営協議会の運営事務等の調整
※地域住民等による学校支援活動との地域連携の企画・調整等

学校運営協議会

※学校運営に関して協議する機関
1. 学校運営の基本方針の承認
2. 学校運営に関する意見
3. 教職員の任用に関する意見
4. 地域住民等との連携・協力の促進

コミュニティ・スクール
（学校運営協議会制度を導入する学校）

★地域人材がそれぞれ相互に構成員を務めるなど、それぞれの知見、経験、課題等の共有により有機的・効果的な運携を促進

学校を支える観点

128

第16章　教育の最新事情—学習指導要領の構造

> 本課においては、第1課で確認した学習指導要領について平成29年、30年告示の学習指導要領改訂の経緯を概観する。教科特有の「見方・考え方」について、「教科の本質」を踏まえた議論が展開されている。教科指導を行う際に理解が必要な重要な内容であることからここで取りあげる。

1. はじめに

　平成から令和へと時が進み新たな時代の到来が予感される。平成29年告示の学習指導要領は教科の目標の示し方が従来の示し方とはその姿を大きく変えた。ことの発端は、平成26年11月、時の文部科学大臣が、新しい時代にふさわしい学習指導要領等の在り方について中央教育審議会に諮問したことにある。しかし、それに先行して、「育成すべき資質・能力を踏まえた教育目標・内容と評価の在り方に関する検討会」という会議が、文科大臣が中教審に諮問するまでの約2年間にわたり開催され、そこで、「学力」のとらえ方を学術的に整理している。この会議が今回の学習指導要領の改訂作業に大きな影響を与えた。話し合われた内容は、今回、改訂された学習指導要領の趣旨を理解するためには必須のものである。

　そこで、本課では次の3点について論を進め、最後に今後の授業改善等の在り方を展望したい。

　(1)「育成すべき資質・能力を踏まえた教育目標・内容と評価の在り方に関する検討会」(以後、「検討会」という)の概要

　(2)「検討会」の概要から読み解く改訂学習指導要領(外国語)

　(3) 外国語(英語)科の授業改善とカリキュラム編成の視点

　以上、3点である。「検討会」では学校教育活動全体で子どもを育てるとの視点から議論が行われた。その結果、教科の目標の書きぶりがほぼ統一された。また、重要なことは戦後から現在まで学習指導の底流にある経験主義と系統主義の対立、相克、論争に終止符を打つために、「検討会」では学力を「三層構造」とし新たな学力モデルを提案している。詳細は後述する。

2.「検討会」の概要

（1）学習指導要領（Course of Study）とは何か

　ここで改めて学習指導要領（Course of Study）について、そのおおまかな足跡を辿ってみたい。まず、1947年、1951年の学習指導要領（試案）では、どんな子どもを育てるのか（目標）、そのために何を教えるのか（内容）、どのような内容を子どもの経験として組織化するのか（単元）、どのように教えるのか（方法）、成果をどのように評価し、計画を改善するのか（評価）ということについて、その大部分が基本的には学校と地域に委ねられていた。

　しかし、1958年以降、目標（評価）と内容を国が定め、方法のみが現場に任されることになる。そして、今回の改訂で、カリキュラム評価、カリキュラム・マネジメントの推進が求められ、その重要性と必要性が増したのである。学習指導要領は学校が編成する教育課程の基準であり教育目標とその内容が記述されている。学校としてその教育課程の編成及び運営、管理の重要性が一層増した。

　学習指導要領は教科の目標と内容で構成されている。そのために学習指導要領を巡る議論の中心は、①何を（コンテンツ）教えるのか、②どのような区分（教科等）で教えるのか、そして、③どのような順番で教えるべきか、ということに関心がもたれ、議論が行われることが一般的であった。そのために、「教育課程≒教科等別に議論された内容を束ねたもの」との認識が醸成され、小学校や中学校、高等学校においても、学習指導要領の改訂といえば教科ごとの議論が中心になりがちであったし、教科特有の論理が先行する傾向があり何を学ぶのかという教育内容についての議論が重要視された。そのために、あまり社会との関わりや学習者の視点に立つという認識は希薄になりがちであったが、今回は、学校の教育課程を「社会に開かれた教育課程」とすることと同時に「子どもにも開かれた」ものとすることが目指された。

（2）学習指導要領（Course of Study）改訂の全体像

　今回の改訂学習指導要領の全体像を把握するために、次の図で確認したい。出典は文部科学省のホームページに掲載されている、「新しい学習指導要領の考え方─中央教育審議会における議論から改訂そして実施へ─」からの抜粋である。改訂の基本理念は図の中央にある、「何ができるようになるか」「何を学

ぶか」「どのように学ぶか」である。そして、「何ができるようになるか」には、「新しい時代に必要となる資質・能力の育成と、学習評価の充実」が、「何を学ぶか」には、「新しい時代に必要となる資質・能力を踏まえた教科・科目等の新設や目標・内容の見直し」が、そして「どのように学ぶか」には、「主体的・対話的で深い学び（「アクティブ・ラーニング」）の視点からの学習過程の改善」という具体の内容が示されている。

すなわち、従来は「何を知っているか」が重要であったが、知識の量的拡大を追い求める内容中心の教育から、「何ができるか」、より具体的には「どのように問題解決を成し遂げることができるのか」を基本的な問いとし、知識・技能を活用して人生をよりよく生きていく資質・能力を基盤とした教育へとシフトすることを目指していることが理解できる。

図：学習指導要領改訂の方向性

（3）「検討会」で何が話し合われたか

文科大臣の諮問の前に、この「検討会」が開催された。そこでは「学力論」が

話し合われ、学術的な整理がされている。学校教育法との整合性を保つことも念頭に置きながら、「学力」を「三層構造」でとらえている。学校教育法の規定にある「育成すべき資質・能力の三つの柱」を育てるための記述が、前述の図の「何ができるようになるか」のところに記述されている。「学びを人生や社会に生かそうとする学びに向かう力・人間性等の涵養」「生きて働く知識・技能の習得」「未知の状況にも対応できる思考力・判断力・表現力」である。

　まず、ここで「検討会」が提案したものを確認したい。この「検討会」においては、「学力」を三つの層として示している。ここまでそれを「三層構造」と述べてきた。三つの層とは次の通りである。

　　ア）教科等を横断する汎用的なスキル（コンピテンシー）等に関わるもの
　　　①　汎用的なスキル等としては、例えば、問題解決、論理的思考
　　　②　メタ認知（自己調整や内省、批判的思考力等を可能にするもの）
　　イ）教科等の本質に関わるもの（教科等ならではの見方・考え方）
　　ウ）教科等に固有の知識や個別スキルに関するもの

　まず、ウ）の「教科等に固有の知識や個別スキルに関するもの」についてであるが、これがいわゆる教育内容、コンテンツという層である。これは従来から学習指導要領に示されているそれぞれの教科の内容、すなわち、知識や技能である。次に、その対極に、ア）の「教科等を横断する汎用的なスキル（コンピテンシー）等に関わるもの」がある。いわゆるコンピテンシーという層である。このア）とウ）のちょうど真ん中に、「教科等の本質に関わるもの（教科等ならではの見方・考え方）」という層をおいた。これが、それぞれの教科等ならではの「見方・考え方」であり、各教科の本質であるということが述べられているのである。この層を通して、教科を超えた汎用的なスキルと、各教科等に固有の個別的な知識・技能を結ぶという構成になっている。

（4）「教科等の本質に関わるもの（教科等ならではの見方・考え方）」とは何か？

　「教科等の本質に関わるもの（教科等ならではの見方・考え方）」はその教科等の本質である、と示されているが、その「本質」とは何か。ここに一つの考え

方がある。それは各教科にはその教科特有の「対象」と「方法」があることから、その本質が導き出されているのである、という考え方である。例えば、「生命」については複数の教科で扱っている。複数の教科で「対象」としているのである。しかし、同じ「対象」ではあるが、それをそれぞれの教科ならではの認識・表現の「方法」で取り扱うことで、その教科の系統性、知識の体系を構築している。前述の「生命」では、理科では生命現象を近代科学の手法で明らかにして「生物学」、または「生物科学」という学問を形成している。道徳においては、「生命」について、古今東西における先哲の思索がある。「岩波哲学・思想事典」（1998）には3ページにわたりその概要が説明されている。国語においては文学の一部である物語文の中で動物があたかも人間と同じようにことばを話したり、感情を発露させたりするなどのような振る舞いが描かれている。このことはそれぞれの教科の背後にある学問（以後、「親学問」という。）が、その「対象」とその対象に挑む特有の認識・表現の「方法」により異なる知識体系、学問体系を構築していることに由来する。

　そこで、「三層構造」の真ん中にある、イ）の「教科等の本質に関わるもの（教科等ならではの見方・考え方）」はどんな役割、機能を果たしているのだろうか。教科及びその背後にある親学問には、それが取り扱う「対象」と「方法」がある、と述べた。例えば、ある学問において、学問の対象である事物と事物を比較して検討したり、対象の事象について論理的思考を働かせて問題解決に挑んだりしながら、それぞれの親学問は、ウ）にある膨大な知識と技能を生み出してきた。また、この過程でそれぞれ固有の膨大なスキルが育まれてきた。ある時、その中からそれぞれの学問から離れて汎用的なスキルとなる場合もあった。例えば、問題解決や論理的思考である。この様にして、イ）はア）にとっても、ウ）にとってもなくてはならないものなのである。

　ただし、ここで確認しておきたいことは、イ）がウ）の膨大な知識・技能を生み出すといっても、教科を学ぶとは単に膨大な知識の量を増やすことではない。その知識を如何に構造化するか、そして、その教科の親学問が持つ固有の構造に似かよったものに組み込むこと、洗練させていくことなのである。そしてその結果として、子どもはこれまで自分たちの身の回りにある現象、事物をその教科の知識を活用して構造的に把握することができるようになる、という

ことなのである。このことがいわゆる系統主義の教科指導が追求したことであり、ばらばらの知識や技能を文脈もなくただ教え込むことではないのである。活用できる知識とするため知識の質を高めるということが本来大切にされるべきものなのであった。

3. 「検討会」の概要から読み解く改訂中学校学習指導要領（外国語）
(1) 「学力」という構造体

　学校教育法に規定されている「育成すべき資質・能力の三つの柱」と「検討会」で検討された学力の「三層構造」は、同じ「学力」という立体的な構造体のモデルであると理解できる。奈須正裕氏（2017）は、この２つについて「学力」という同じ立体的な構造体をどの面で切ってみせているか、その切り口が違うだけであって、どちらも「学力」というモデルを表現しているに過ぎないが、妥当性は高いものであると述べている。

　また、改訂後のそれぞれの教科の目標を確認すると、この「育成すべき資質・能力の三つの柱」は、それぞれ該当する各教科の目標として、(1)、(2)、(3)として書き出されている。ここで「検討会」で検討された学力の「三層構造」と「育成すべき資質・能力の３つの柱」の対応関係を確認したい。

表：「三層構造」と「育成すべき資質・能力の三つの柱」対応表

三層構造		育成すべき資質・能力の三つの柱
教科等を横断する汎用的なスキル（コンピタンシー）等に関わるもの	→	思考力・判断力・表現力等
	→	学びに向かう力・人間性等
教科等の本質	→	×
教科等の固有の知識や個別スキルに関するもの	→	知識・技能

　ここで、「三層構造」の「教科等の本質」が残り、「育成すべき資質・能力の三つの柱」には対応するものがないのであるが、これはそれぞれの目標の中に別建てで、「見方・考え方」として教科の目標の冒頭に位置付けられている。そのおおまかな書きぶりを次に示すが、この様に各教科等の目標の示し方を変えたのである。目標の書き方は次の通りである。

○○な見方・考え方を働かせ、△△な活動を行うことを通して、□□の資質・能力を次のとおり育成することを目指す。

　　(1) 知識及び技能
　　(2) 思考力、判断力、表現力等
　　(3) 学びに向かう力、人間性等

「見方・考え方」と「資質・能力の三つの柱」からなる４文構成での目標の表現となっている。具体的には中学校外国語科の目標は次の通りである。

　外国語によるコミュニケーションにおける見方・考え方を働かせ、外国語による聞くこと、読むこと、話すこと、書くことの言語活動を通して、簡単な情報や考えなどを理解したり表現したり伝え合ったりするコミュニケーションを図る資質・能力を次のとおり育成することを目指す。

　　(1) 外国語の音声や語彙、表現、文法、言語の働きなどを理解するとともに、これらの知識を聞くこと、読むこと、話すこと、書くことによる実際のコミュニケーションにおいて活用できる技能を身につけるようにする。
　　(2) コミュニケーションを行う目的や場面、状況に応じて、日常的な話題や社会的な話題について、外国語で簡単な情報や考えなどを理解したり、これらを活用して表現したり伝え合ったりすることができる力を養う。
　　(3) 外国語の背景にある文化に対する理解を深め、聞き手、読み手、話し手、書き手に配慮しながら、主体的に外国語を用いてコミュニケーションを図ろうとする態度を養う。

　では、次に問題になるのはこの「外国語におけるコミュニケーションにおける見方・考え方」である。この「見方・考え方」の具体について考えたい。同じ言語の教科である中学校の国語科と外国語科の「見方・考え方」とを比較してみる（文科省のHPから引用）。

国語科：言葉による見方・考え方
生徒が学習の中で、対象と言葉、言葉と言葉の関係を、言葉の意味、働き、使い方等に着目して捉えたり問い直したりして、言葉への自覚を高めること

外国語科：外国語によるコミュニケーションにおける見方・考え方
外国語で表現し伝え合うため、外国語やその背景にある文化を、社会や世界、他者との関わりに着目して捉え、コミュニケーションを行う目的・場面・状況等に応じて、情報や自分の考えなどを形成、整理、再構築すること

　国語科と外国語科の「見方・考え方」を比較すると、国語科は「言葉による見方・考え方」であり、外国語科のそれは、「外国語によるコミュニケーションにおける見方・考え方」である。すなわち、国語科は「言葉」、外国語科は「コミュニケーション」である。外国語科は、「言葉」というよりは、「コミュニケーション」なのである。コミュニケーションという人と人とのやり取り、時には自分自身とのやり取りも含まれるであろうが、大方は社会的行為である、この「コミュニケーション」が教科の本質と考えられているのである。
　すなわち、外国語科の本質は「コミュニケーション」なのである。このコミュニケーションができるように、相手を理解したり、自分自身と表現したりできることが目指されているのである。授業は、そのための言語材料の学習であり、言語行動につながる言語活動の展開、発展なのである。このことを踏まえて授業を構想することが求められている。

課題　前述の「三層構造」を踏まえて、外国語（英語）科の授業を構想する際の留意点について書き出してみる。

＜引用・参考文献＞
奈須正裕（2018）．『資質・能力と学びのメカニズム　新学習指導要領を読み解く』東京：東洋館出版社

第17章 教育の最新事情―道徳教育と特別活動

道徳科が教科化された経緯を概観する。次に、教科化の際に、「考え、議論する道徳」授業が求められたことから、隣接する「特別活動」の目標も確認する。教育現場においては、道徳科（「特別の教科道徳」）と「特別活動」の「学級活動」の境界が不明瞭になることがあるので確認したい。

1. 道徳教育の充実、道徳の教科化に関するこれまでの経緯

平成25年2月　教育再生実行会議
　　　　　　　「いじめの諸問題等への対応について」（第一次提言）
　いじめ問題の本質的な解決
　　道徳教材の抜本的な充実を図ること
　　特性を踏まえて新たな枠組みによる道徳の教科化をすること

平成25年3月　道徳教育の充実に関する懇談会　設置
平成25年12月　「今後の道徳教育の改善・充実方策について」（報告）
　道徳の時間を「特別の教科　道徳」（仮称）として新たに位置付けることを検討すべきである。
　道徳教育の目標と「道徳の時間」の目標をわかりやすく、かつ両者の関係を明確にする必要がある。
　発達段階ごとに内容を明確にすべきである。
　数値による評価は行わない。
　検定教科書を導入することが適当である。
　※「心のノート」を全面的改訂した「私たちの道徳」を作成。平成26年4月から全国の小・中学校にて使用開始。

平成26年2月　中央教育審議会に諮問（同年3月　道徳教育専門部会　設置）
平成26年10月　「道徳に係わる教育課程の改善等について」（答申）
　道徳の時間には教科共通の側面とそうでない側面がることを踏まえ、「特別

の教科　道徳」（仮称）として位置付ける。

目標を明確で理解しやすものに改善する。

内容をより発達の段階を踏まえた体系的なものに改善する。

多様で効果的な道徳教育の指導方法へと改善する。

「特別の教科　道徳」（仮称）の中心となる教材として検定教科書を導入する。

一人一人ののよさを伸ばし、成長を促すための評価を充実する（数値などによる評価は不適切）

道徳の教科化　道徳の時間は「道徳科」へ

平成27年3月　学校教育法施行規則及び学習指導要領の一部改正
平成27年7月　改正学習指導要領解説　総則及び特別の教科　道徳編　公表

学校教育法施行規則において、道徳の時間は「特別の教科　道徳」として位置付けられた。学習指導要領において、学校教育全体としての道徳教育に関することは「第1章　総則」に、「特別の教科　道徳」に関することは「第3章　特別の教科　道徳」へと構造化された。道徳科には検定教科書が導入されることとなった。

時間数は週1時間、原則学級担任が行うことについてはそれぞれ従前通りとされた。

道徳教育の目標は、児童生徒の道徳性を養うという趣旨が明確化され、道徳科の目標は、具体化された学習活動を通して「道徳的判断力、心情、実践意欲と態度を育てる」と改められた。

内容については、視点の順序の入れ替えや、内容項目の追加・統合など再構成され、小学校から中学校までの内容の構造化・体系化が図られた。また、各内容項目には内容の手掛かりとなる言葉（キーワード）が付記された。

指導方法の配慮事項として、問題解決的な学習、道徳的行為に関する体験的な学習など指導方法の工夫のほか、情報モラルに関する指導の充実や現代的な課題への対応などが求められた。

教材については、特に、生命の尊重、社会参画（中学校のみ）、自然、伝統と文化、先人の伝記、スポーツ、情報化への対応等の現代的な課題などを題材と

し、開発や活用に当たることが示された。また、教育基本法や学校教育法等に従い、特定の見方や考え方に偏った取扱いがなされていないことなど、教材の具備すべき要件が明記された。

評価については、児童生徒の学習状況や道徳性に係る成長の様子を継続的に把握することを基本とし、数値などによる評価は行わないことが示された。なお、評価の在り方の具体は、平成27年6月より専門家会議にて検討が重ねられて、平成28年7月22日にとりまとめが公表された。

2. 道徳教育の目標と道徳科の目標

学校の道徳教育の目標を確認する。ここでは中学校の場合について確認することとした。道徳教育の目標は、「中学校学習指導要領第1章総則　第1中学校教育の基本と教育課程の役割」の3項目の2番目にある。

2　学校の教育活動を進めるに当たっては、各学校において、第3の1に示す主体的・対話的で深い学びの実現に向けた授業改善を通して、創意工夫を生かした特色ある教育活動を展開する中で、次の(1)から(3)までに掲げる事項の実現を図り、生徒に生きる力を育むことを目指すものとする。

(2) 道徳教育や体験活動、多様な表現や鑑賞の活動等を通して、豊かな心や創造性の涵養を目指した教育の充実に努めること。

　学校における道徳教育は、特別の教科である道徳（以下「道徳科」という。）を要として学校の教育活動全体を通じて行うものであり、道徳科はもとより、各教科、総合的な学習の時間及び特別活動のそれぞれの特質に応じて、生徒の発達の段階を考慮して、適切な指導を行うこと。

　道徳教育は、教育基本法及び学校教育法に定められた教育の根本精神に基づき、人間としての生き方を考え、主体的な判断の下に行動し、自律した人間として他者と共によりよく生きるため基盤となる道徳性を養うことを目標とすること。

　道徳教育を進めるに当たっては、人間尊重の精神と生命に対する畏敬の念を家庭、学校、その他社会における具体的な生活の中に生かし、豊かな

心をもち、伝統と文化を尊重し、それらを育んできた我が国と郷土を愛し、個性豊かな文化の創造を図るとともに、平和で民主的な国家及び社会の形成者として、公共の精神を尊び、社会及び国家の発展に努め、他国を尊重し、国際社会の平和と発展や環境の保全に貢献し未来を拓く主体性のある日本人の育成に資することとなるよう特に留意すること。

とある。特に、中段、「道徳教育は、（中略）、人間としての生き方を考え、主体的な判断の下に行動し、自律した人間として他者と共によりよく生きるため基盤となる道徳性を養うことを目標とすること」とある。「道徳性」の育成が道徳教育の目標である。「道徳性」については、「特別の教科　道徳」（以後、「道徳科」という。）の目標にも掲げられており、その内容が説明されている。

さらに、中学校学習指導要領総則の「第6　道徳教育に関する配慮事項」があり、道徳教育の「全体計画」、「重点化」、「体験活動」、「家庭及び地域との連携」についての配慮事項の記述がある。念のため確認する（「小学校学習指導要領総則」にも同様の記述がある）。

第6　道徳教育に関する配慮事項

道徳教育を進めるに当たっては、道徳教育の特質を踏まえ、前項までに示す事項に加え、次の事項に配慮するものとする。

1　各学校においては、第1の2の (2) に示す道徳教育の目標を踏まえ、道徳教育の全体計画を作成し、校長の方針の下に、道徳教育の推進を主に担当する教師（以下「道徳教育推進教師」という。）を中心に、全教師が協力して道徳教育を展開すること。なお、道徳教育の全体計画の作成に当たっては、生徒や学校、地域の実態を考慮して、学校の道徳教育の重点目標を設定するとともに、道徳科の指導方針、第3章特別の教科道徳の第2に示す内容との関連を踏まえた各教科、総合的な学習の時間及び特別活動における指導の内容及び時期並びに家庭や地域社会との連携の方法を示すこと。

2　各学校においては、生徒の発達の段階や特性等を踏まえ、指導内容の重点化を図ること。その際、小学校における道徳教育の指導内容を更に発展させ、自立心や自律性を高め、規律ある生活をすること、生命を尊重する心や自ら

の弱さを克服して気高く生きようとする心を育てること。法やきまりの意義に関する理解を深めること、自らの将来の生き方を考え主体的に社会の形成に参画する意欲と態度を養うこと、伝統と文化を尊重し、それらを育んできた我が国と郷土を愛するとともに、他国を尊重すること、国際社会に生きる日本人としての自覚を身に付けることに留意すること。

3　学校や学級内の人間関係や環境を整えるとともに、職場体験活動やボランティア活動、自然体験活動、地域の行事への参加などの豊かな体験を充実すること。また、道徳教育の指導内容が、生徒の日常生活に生かされれうようにすること。その際、いじめ防止や安全の確保等にも資することとなるよう留意すること。

4　学校の道徳教育の全体計画や道徳教育に関する諸活動などの情報を積極的に公表したり、道徳教育の充実のために家庭や地域の人々の積極的な参加や協力を得たりするなど、家庭や地域社会との共通理解を深め、相互の連携をはかること。

　ここでもう一度今回の学習指導要領改訂の枠組みを示した中央教育審議会答申の該当部分を確認したい。そこには、

道徳教育の本来の使命に鑑みれば、特定の価値観を押し付けたり、主体性をもたず言われるままに行動するよう指導したりすることは、道徳教育が目指す方向の対極にあるもとのといわなければならない。むしろ、多様な価値観の、時には対立がある場合を含めて、誠実にそれらの価値に向かい合い、道徳としての問題を考え続ける姿勢こそ道徳教育で養うべき基本的な資質である。

（中央教育審議会答申、平成26年10月21日）

との記述がある。このことを踏まえて「道徳科」の目標を確認したい。

4. 道徳科の目標

　「道徳の時間」が教科化され「特別の教科　道徳」となった。学校では新学習指導要領の完全実施を迎えてその準備と実施に余念がない。特に、授業と評価

の在り方については、教育現場の喫緊の課題であり、地域によっては教育委員会等が率先して、その研究や研修を進めているところもある。

　そこで、ここでは、「特別の教科　道徳」の指導過程、すなわち、授業像と特別活動の学級活動の授業像とを対比することで、「特別の教科　道徳」の授業の在り方について整理、確認する。

(1)「考え、議論する道徳」授業の指導過程（道徳科の授業像）

　まず、ここで、「特別の教科　道徳」（以後、「道徳科」という）の小学校と中学校の目標を確認したい。

●小学校学習指導要領　第3章　特別の教科　道徳

　第1　目標

　第1章総則の第1の2の(2)に示す道徳教育の目標に基づき、よりよく生きるための基盤となる道徳性を養うために、道徳的諸価値についての理解を基に、自己を見つめ、物事を広い視野から多面的・多角的に考え、自己の生き方についての考えを深める学習を通して、道徳的な判断力、心情、実践意欲と態度を育てる。

●中学校学習指導要領　第3章　特別の教科　道徳

　第1　目標

　第1章総則の第1の2の(2)に示す道徳教育の目標に基づき、よりよく生きるための基盤となる道徳性を養うために、道徳的諸価値についての理解を基に、自己を見つめ、物事を広い視野から多面的・多角的に考え、人間としての生き方についての考えを深める学習を通して、道徳的な判断力、心情、実践意欲と態度を育てる。

　とある。これに続けて内容が示されている。この目標自体が道徳科の授業の授業像を指し示しているのではないかと考えられる。また、道徳科の授業は、小中学校の解説書を読む限りにおいては、授業の中心は、児童と児童、生徒と生徒の「話し合い」、または、「語り合い」である。「話し合い」や「語り合い」を

前提に考えると、通常、授業冒頭に道徳の読み物教材が示され、教師が判読、基本的な発問がひとつふたつあって、中心的な発問があり、その教材に描かれている登場人物の行為行動について、その道徳的な問題について生徒と生徒の話し合いが行われる、というのが一般的な指導過程であると考えられるのである。授業全般については、第10章の授業理論の箇所でも確認したい。

　通常、道徳科の授業では、道徳教材の登場人物の行為行動から生徒は、まず、目標にある「道徳的諸価値についての理解」を進めることができる。登場人物の行為行動が生徒の日常の生活からして道徳的に適ったものなのか、それらとは齟齬を来しているものなのか、ということから改めてそこで「道徳的諸価値についての理解」を深めることができるし、それをもとに生徒と生徒が話し合うこととなる。その際、その話し合いの過程では、生徒は意識しているかいないかは別として、その登場人物に自分自身を投影して話し合いを進めることになる。すなわち、「自己を見つめこと」となるのである。さらに、生徒と生徒がそれぞれ感じたことや考えたことを話し合う、語り合うことで、「物事を広い視野から多面的・多角的に考え」、その行き着く先が、「人間としての生き方についての考えを深める」学習につながるのである。

　目標に授業像が端的に説明されているのである。その結果として、「道徳性」が育成されるというのである。この「道徳性」はさらに、詳しく、「道徳的な判断力、心情、実践意欲と態度」というまさに内面的な資質である。

(2) 特別活動の目標と学級活動の授業像

　ここでは、中学校の目標を確認することから、学級活動の授業像を描き出したい。それによって道徳科の授業像との違いを明確にすることを目指したい。

　まず、ここでは中学校の目標をここに引用する。

●中学校学習指導要領　第6章　特別活動
　第1　目標
　集団や社会の形成者としての見方・考え方を働かせ、様々な集団活動に自主的、実践的に取り組み、互いのよさや可能性を発揮しながら集団や自己の生活上の課題を解決することを通して、次のとおり資質・能力を育成することを目

指す。

(1) 多様な他者と協働する様々な集団活動の意義や活動を行う上で必要となることについて理解し、行動の仕方を身に付けるようにする。

(2) 集団や自己の生活、人間関係の課題を見いだし、解決するために話し合い、合意形成を図ったり、意思決定することができるようにする。

(3) 自主的、実践的な集団活動を通して身に付けたことを生かして、集団や社会における生活及び人間関係をよりよく形成するとともに、人間としての生き方についての考えを深め、自己実現を図ろうとする態度を養う。

との目標があり、それに続けて「第2　各活動・学校行事の目標及び内容」がある。中学校においては、[学級活動]、[生徒会活動]、[学校行事]がある。特に、[学級活動]の目標は、「学級や学校での生活をよりよくするための課題を見いだし、解決するために話し合い、合意形成し、役割を分担して協力して実践したり、学級での話合いを生かして自己の課題の解決及び今日来の生き方を描くために意思決定して実践したりすることに、自主的、実践的に取り組むことを通して、第1の目標に掲げる資質・能力を育成することを目指す」としている。内容は3つあげられており、「(1) 学級や学校における生活づくりへの参画」、「(2) 日常の生活や学習への適応と自己の成長及び健康安全」、「(3) 一人一人のキャリア形成と自己実現」である。

　ここで、特別活動の目標、[学級活動]の目標や内容に記されている主な語・語句を並べてみると、「集団活動」、「課題を解決」、「行動の仕方を身に付ける」、「人間関係」、「合意形成」、「意思決定」に、「自己実現」という語・語句が並ぶ。道徳科と同様、これらのことを具体化するには「話し合い」が必要であり、重要であることがわかるし、その目的は、「合意形成」、「自己実現」、「意思決定」を視野に入れたものである。目標及び解説からは、先の道徳科の授業は内面的な資質である道徳性の育成であるものの、学級活動は、特別活動の目標を踏まえると、当然、実際的な「実践」が強く志向されていることがわかる。

　即ち、ここまで、道徳科と特別活動の学級活動の授業像をその目標から追ってきたが、それぞれの特質を深く理解するためには、道徳科も学級活動も生徒と生徒の話し合いや語り合いがそれぞれの授業の主要な部分を占めてはいるも

のの、当然のことながらその方向性、行き着く先は異なるということが改めて明示的に示されている、と考えることができる。道徳科は生徒の話合いの方向が生徒の内面へ、内面へと向かう、しかし、学級活動は話合いの方向が生徒の外面へ、外面へと向かい、「合意形成」をすることが主な目的である。

3. 内容項目の理解

　学習指導要領の構成は、「目標」「内容」「指導計画の作成と内容の取扱い」で構成されている。道徳教育、「特別の教科　道徳」ともにその指導の充実を図るためには「内容」の理解は欠かせない。この「内容」についてはそれぞれ小学校及び中学校の学習指導要領にあるので一読願いたい。

　特に、「内容」の理解についてはその書きぶりが今回の改訂でどの項目ともに、「内容項目の概要」と「指導の概要」で説明されている。実際には小学校及び中学校学習指導要領解説を丹念に読み解くことが必要であるが、その際、大切なことは、実際の子どもの具体の姿に照らして、それらの解説を読み解くことになる。

　例えば、この「内容」のひとつに、平成29年告示の中学校学習指導要領では、「5　真理の探究、創造」として、「真実を大切にし、真理を探究すて新しいものを生み出そうと努めること」とある。関連して、小学校においては、〔第5学年及び第6学年〕に、「真理の探究」として、「真理を大切にし、物事を探究しようとする心をもつこと」としている。

　子どもの発達段階を踏まえての記述となっている。しかし、学習指導要領の内容についての記述は至って抽象的である。森羅万象、広範な事象を包括するための記述と考え、抽象的な記述から目の前にいる生徒の姿、すなわち、具体の姿へと考えること、記述していくことが、「内容」の理解の第一歩であると考えることができる。中学校の内容項目22、小学校第1学年及び第2学年19、第3学年及び第4学年20、第5学年及び第6学年22の内容項目を子どもの姿で理解することが求められている。

　このことが引いては、道徳科の授業を実践するにあたり、子どもたちに何を考えさせるのか、考えさせなければいけないのか、という道徳科の授業を実践していく際の根源的な問いへの解答を得るためには必須のことなのである。

課題 道徳科と学級活動の学習指導案を集めて、読み比べてみる。具体的には、授業の「ねらい」「指導計画」「学習（指導）過程」などを中心に比較検討する。

<引用・参考文献>

文部科学省（2018）『小学校学習指導要領（平成29年告示）解説特別の教科　道徳編』東京：廣済堂あかつき

文部科学省（2018）『中学校学習指導要領（平成29年告示）解説特別の教科　道徳編』東京：教育出版

第18章　教育の最新事情―
　　　　「令和の日本型学校教育」の構築を目指して

> 　社会の急激な変化に対応した新しい教育の在り方が求められている中
> にあって、令和3年1月26日、中央教育審議会から「『令和の日本型学校
> 教育』の構築を目指して～全ての子供たちの可能性を引き出す，個別最適
> な学びと，協働的な学びの実現～」(答申) が出された。現代の教育課題が
> ほとんど網羅され、盛りだくさんな内容であるが、これからの教育の方向
> 性や目指したい姿が示されているものとして取り上げてみたい。

まず、答申の全体像及び趣旨を「はじめに」から引用して概観したい。

　本答申は、第Ⅰ部総論と第Ⅱ部各論から成っている。総論においては、ま
ず、社会の変化が加速度を増し、複雑で予測困難となってきている中、子供
たちの資質・能力を確実に育成する必要があり、そのためには、新学習指導
要領の着実な実施が重要であるとした。その上で、我が国の学校教育がこれ
まで果たしてきた役割やその成果を振り返りつつ、新型コロナウイルス感染
症の感染拡大をはじめとする社会の急激な変化の中で再認識された学校の役
割や課題を踏まえ、2020年代を通じて実現を目指す学校教育を「令和の日本
型学校教育」とし、その姿を「全ての子供たちの可能性を引き出す、個別最適
な学びと、協働的な学び」とした。

　ここでは、ICTの活用と少人数によるきめ細かな指導体制の整備により、
「個に応じた指導」を学習者視点から整理した概念である「個別最適な学び」
と、これまでも「日本型学校教育」において重視されてきた、「協働的な学び」
とを一体的に充実することを目指している。

(中略)

　日本の学校教育はこれまで、学習機会と学力を保障するという役割のみな
らず、全人的な発達・成長を保障する役割や、人と安全・安心につながるこ
とができる居場所としての福祉的な役割も担ってきた。この役割の重要性は
今後も変わることはない。これまで、日本型学校教育が果たしてきた役割を

継承しつつ、学校における働き方改革やGIGAスクール構想を強力に推進するとともに新学習指導要領を着実に実施し、学校教育を社会に開かれたものとしていくことまた、文部科学省をはじめとする関係府省及び教育委員会、首長部局、教職員、さらには家庭、地域等を含め、学校教育を支える全ての関係者が、それぞれの役割を果たし、互いにしっかりと連携することで、「令和の日本型学校教育」の実現に向けた必要な改革を果敢に進めていくことを期待するものである。

次に、「第Ⅰ部　総論」のうちの前半部分について確認したい。

1. 急激に変化する時代の中で育むべき資質・能力

答申では、Society5.0時代の到来、複雑で予測困難な社会といった学校を取り巻く社会情勢について触れたあと、次のように述べている。

　　このように急激に変化する時代の中で, 我が国の学校教育には一人一人の児童生徒が、自分のよさや可能性を認識するとともに、あらゆる他者を価値のある存在として尊重し、多様な人々と協働しながら様々な社会的変化を乗り越え、豊かな人生を切り拓き、持続可能な社会の創り手となることができるようその資質・能力を育成することが求められている。

として、「次世代に必要な資質・能力」及び「不易の資質・能力」について以下のように整理している。

　　次代を切り拓く子供たちに求められる資質・能力としては、文章の意味を正確に理解する読解力、教科等固有の見方・考え方を働かせて自分の頭で考えて表現する力、対話や協働を通じて知識やアイディアを共有し新しい解や納得解を生み出す力などが挙げられた。
　　また、豊かな情操や規範意識、自他の生命の尊重、自己肯定感・自己有用感、他者への思いやり、対面でのコミュニケーションを通じて人間関係を築く力、困難を乗り越えものごとを成し遂げる力、公共の精神の育成等を図る

とともに、子供の頃から各教育段階に応じて体力の向上、健康の確保を図ることなどは、どのような時代であっても変わらず重要である。

さらに、国際的な動向として「自然環境や資源の有限性、貧困、イノベーションなど、地域や地球規模の諸課題について、子供一人一人が自らの課題として考え、持続可能な社会づくりにつなげていく力」、「ウェルビーイング（Well-being）を実現していくために自ら主体的に目標を設定し、振り返りながら、責任ある行動がとれる力」、また学習指導要領で育成を目指している「目の前の事象から解決すべき課題を見いだし主体的に考え多様な立場の者が協働的に議論し納得解を生み出す力」、「ビッグデータの活用等を含め、社会全体のデジタルトランスフォーメーション加速の必要性が叫ばれる中、これからの学校教育を支える基盤的なツールとしてのICT活用」が必要不可欠であることについても述べている。

2. 日本型学校教育の成り立ちと成果、直面する課題と新たな動きについて

次に、日本型学校教育の「成り立ち」、「成果」、「直面する課題」、「新たな動き」について、それぞれ述べている。

明治5年の「学制」公布以降のこと、明治23年前後に前後に知・徳・体を一体で育む形でカリキュラムの内容が拡張・体系化されたこと、また戦後、憲法および教育基本法の理念の下に学校教育制度の基本が形成されていったことなど、戦前・戦後の日本型学校教育の成り立ちを概観し、こうした制度の下、学校が学習指導のみならず、生徒指導等の面でも主要な役割を担い、様々な場面を通じて、子供たちの状況を総合的に把握して教師が指導を行うことで、子供たちの知・徳・体を一体で育む「日本型学校教育」は全ての子供たちに一定水準の教育を保障する平等性の面全人教育という面などについて諸外国から高く評価されている。

（中略）

日本人は礼儀正しく勤勉で道徳心が高いと考えられておりまた、我が国の治安の良さは世界有数である。これは全人格的な陶冶社会性の涵養を目指す

日本型学校教育の成果であると評価することができる。

（中略）

　こうした学校の臨時休業に伴う問題や懸念が生じたことにより、学校は学習機会と学力を保障するという役割のみならず、全人的な発達・成長を保障する役割や、人と安全・安心につながることができる居場所・セーフティネットとして身体的、精神的な健康を保障するという福祉的な役割をも担っていることが再認識された。特に、全人格的な発達・成長の保障、居場所・セーフティネットとしての福祉的な役割は、日本型学校教育の強みであることに留意する必要がある。

など、日本型学校教育の成果を述べる一方で、変化する社会の中で我が国の学校教育が直面している課題については、次のように指摘している。

　我が国の経済発展を支えるために、「みんなと同じことができる」「言われたことを言われたとおりにできる」上質で均質な労働者の育成が高度経済成長期までの社会の要請として学校教育に求められてきた中で、「正解（知識）の暗記」の比重が大きくなり、「自ら課題を見つけ、それを解決する力」を育成するため、他者と協働し、自ら考え抜く学びが十分なされていないのではないかという指摘もある。

（中略）

　学校では「みんなで同じことを、同じように」を過度に要求する面が見られ、学校生活においても「同調圧力」を感じる子供が増えていったという指摘もある。社会の多様化が進み、画一的・同調主義的な学校文化が顕在化しやすくなった面もあるが、このことが結果としていじめなどの問題や生きづらさをもたらし、非合理的な精神論や努力主義、詰め込み教育等との間で負の循環が生じかねないということや、保護者や教師も同調圧力の下にあるという指摘もある。

　また、核家族化、共働き家庭やひとり親家庭の増加など、家庭をめぐる環境が変化するとともに、都市化や過疎化等により地域の社会関係資本が失われ家庭や地域の教育力が低下する中で、本来であれば家庭や地域でなすべき

ことまでが学校に委ねられるようになり、結果として学校及び教師が担うべき業務の範囲が拡大され、その負担を増大させてきた。

以下、今日の学校教育が直面している課題として、「子供たちの多様化」「生徒の学習意欲の低下」「教師の長時間勤務による疲弊」「情報の加速度的な進展に関する対応の遅れ」「少子高齢化、人口減少の影響」「新型コロナウイルス感染症の感染拡大により浮き彫りとなった課題」を挙げ、新たな動きとしては「新学習指導要領の全面実施」「学校における働き方改革の推進」「GIGA スクール構想」を挙げている。

3. 2020年代を通じて実現すべき「令和の日本型学校教育」の姿

答申では、実現すべき「令和の日本型学校教育」の姿として、(1) 子供の学び、(2) 教職員の姿、(3) 子供の学びや教職員を支える環境、と項立てて、子供、教職員、環境という3つの姿をそれぞれ述べているが、ここでは (1)「子供の学び」について丁寧に引用してみたい。一つ一つの文言、特に、「 」で括られたキーワードを意識しながら、是非、じっくりと読んでほしい。

改訂された学習指導要領の総則「第4児童 (生徒) の発達の支援」の中では、児童生徒が、基礎的・基本的な知識及び技能の習得も含め、学習内容を確実に身に付けることができるよう、児童生徒や学校の実態に応じ、個別学習やグループ別学習、繰り返し学習、学習内容の習熟の程度に応じた学習、児童生徒の興味・関心等に応じた課題学習、補充的な学習や発展的な学習などの学習活動を取り入れることや、教師間の協力による指導体制を確保することなど、指導方法や指導体制の工夫改善により、「個に応じた指導」の充実を図ることについて示された。

(中略)

新型コロナウイルス感染症の感染拡大による臨時休業の長期化により、多様な子供一人一人が自立した学習者として学び続けていけるようになっているか、という点が改めて焦点化されたところであり、これからの学校教育においては、子供がICTも活用しながら自ら学習を調整しながら学んでいくこ

とができるよう、「個に応じた指導」を充実することが必要である。この「個に応じた指導」の在り方を、より具体的に示すと以下のとおりである。

　全ての子供に基礎的・基本的な知識・技能を確実に習得させ、思考力・判断力・表現力等や、自ら学習を調整しながら粘り強く学習に取り組む態度等を育成するためには、教師が支援の必要な子供により重点的な指導を行うことなどで効果的な指導を実現することや子供一人一人の特性や学習進度学習到達度等に応じ、指導方法・教材や学習時間等の柔軟な提供・設定を行うことなどの「指導の個別化」が必要である。

　基礎的・基本的な知識・技能等や言語能力、情報活用能力、問題発見・解決能力等の学習の基盤となる資質・能力等を土台として幼児期からの様々な場を通じての体験活動から得た子供の興味・関心・キャリア形成の方向性等に応じ、探究において課題の設定、情報の収集、整理・分析、まとめ・表現を行う等、教師が子供一人一人に応じた学習活動や学習課題に取り組む機会を提供することで、子供自身が学習が最適となるよう調整する「学習の個性化」も必要である。

　以上の「指導の個別化」と「学習の個性化」を教師視点から整理した概念が「個に応じた指導」であり、この「個に応じた指導」を学習者視点から整理した概念が「個別最適な学び」である。

（中略）

　さらに、「個別最適な学び」が「孤立した学び」に陥らないよう、これまでも「日本型学校教育」において重視されてきた、探究的な学習や体験活動などを通じ、子供同士であるいは地域の方々をはじめ多様な他者と協働しながら、あらゆる他者を価値のある存在として尊重し、様々な社会的な変化を乗り越え、持続可能な社会の創り手となることができるよう、必要な資質・能力を育成する「協働的な学び」を充実することも重要である。

　「協働的な学び」においては、集団の中で個が埋没してしまうことがないよう、「主体的・対話的で深い学び」の実現に向けた授業改善につなげ子供一人一人のよい点や可能性を生かすことで、異なる考え方が組み合わさり、よりよい学びを生み出していくようにすることが大切である。「協働的な学び」において、同じ空間で時間を共にすることでお互いの感性や考え方等に触れ刺

激し合うことの重要性について改めて認識する必要がある。人間同士のリアルな関係づくりは社会を形成していく上で不可欠であり、知・徳・体を一体的に育むためには、教師と子供の関わり合いや子供同士の関わり合い、自分の感覚や行為を通して理解する実習・実験、地域社会での体験活動、専門家との交流など、様々な場面でリアルな体験を通じて学ぶことの重要性が、AI技術が高度に発達するSociety5.0時代にこそ一層高まるものである。

（中略）

　学校における授業づくりに当たっては、「個別最適な学び」と「協働的な学び」の要素が組み合わさって実現されていくことが多いと考えられる。各学校においては、教科等の特質に応じ、地域・学校や児童生徒の実情を踏まえながら、授業の中で「個別最適な学び」の成果を「協働的な学び」に生かし、更にその成果を「個別最適な学び」に還元するなど「個別最適な学び」と「協働的な学び」を一体的に充実し、「主体的・対話的で深い学び」の実現に向けた授業改善につなげていくことが必要である。その際、家庭や地域の協力も得ながら人的・物的な体制を整え、教育活動を展開していくことも重要である。国においては、このような「個別最適な学び」と「協働的な学び」の一体的な充実の重要性について、関係者の理解を広げていくことが大切である。

　したがって、目指すべき「令和の日本型学校教育」の姿を「全ての子供たちの可能性を引き出す、個別最適な学びと、協働的な学びの実現」とする。

と「子供の学び」についてまとめている。また、各学校段階において実現すべき学びの姿をそれぞれ示しているが、その詳細については答申文で確認してほしい。

　また、今回の答申を踏まえた教職員の資質向上については、令和4年12月19日、中央教育審議会から「『令和の日本型学校教育』を担う教師の養成・採用・研修等の在り方について〜「新たな教師の学びの姿」の実現と、多様な専門性を有する質の高い教職員集団の形成〜」として答申されているので、こちらも是非読んでほしい。

課題　2020年代を通じて実現すべき「令和の日本型学校教育」の姿についてま

とめてみよう。

＜引用・参考文献＞

中央教育審議会答申 (2021)、『令和の日本型学校教育』の構築を目指して～全ての子供たちの可能性を引き出す，個別最適な学びと，協働的な学びの実現～（2021（令和3年1月26日）：東京　文部科学省

中央教育審議会「「令和の日本型学校教育」の構築を目指して（答申）」【総論解説】

1.急激に変化する時代の中で育むべき資質・能力

社会背景

【急激に変化する時代】
- 社会の在り方が劇的に変わる「Society5.0時代」
- 新型コロナウイルス感染症の感染拡大など先行き不透明な
  「予測困難な時代」
- 社会全体のデジタル化・オンライン化、DX加速の必要性

子供たちに育むべき資質・能力

一人一人の児童生徒が、自分のよさや可能性を認識するとともに、あらゆる他者を価値のある存在として尊重し、多様な人々と協働しながら様々な社会的変化を乗り越え、豊かな人生を切り拓き、持続可能な社会の創り手となることができるようにすることが必要

【ポイント】
- ✓ これらの資質・能力を育むためには、新学習指導要領の着実な実施 が重要
- ✓ これからの学校教育を支える基盤的なツールとして、ICTの活用 が必要不可欠

2.日本型学校教育の成り立ちと成果、直面する課題と新たな動きについて

「日本型学校教育」とは？

子供たちの知・徳・体を一体で育む学校教育
- 学習機会と学力の保障
- 全人的な発達・成長の保障
- 身体的・精神的な健康の保障

【新しい動き】

新学習指導要領の着実な実施

学校における働き方改革　GIGAスクール構想

【成果】	【今日の学校教育が直面している課題】	
国際的にトップクラスの学力	子供たちの多様化	情報化への対応の遅れ
学力の地域差の縮小	生徒の学習意欲の低下	少子化・人口減少の影響
規範意識・道徳心の高さ	教師の長時間勤務	感染症への対応

「正解主義」や「同調圧力」への偏りからの脱却　　一人一人の子供を主語にする学校教育の実現

＼「日本型学校教育」の良さを受け継ぎ、更に発展させる／
新しい時代の学校教育の実現

3.2020年代を通じて実現すべき「令和の日本型学校教育」の姿

2020年代を通じて実現を目指す学校教育
「令和の日本型学校教育」の姿

＼全ての子供たちの可能性を引き出す、個別最適な学びと、協働的な学びの実現／

子供の学び

- ✓ 「個別最適な学び」と「協働的な学び」が一体的に充実されている
- ✓ 各学校段階において、それぞれ目指す学びの姿が実現されている
  #個別最適な学び　#協働的な学び
  #主体的・対話的で深い学び　#ICTの活用

教職員の姿

- ✓ 環境の変化を前向きに受け止め、教職生涯を通じて学び続けている
- ✓ 子供一人一人の学びを最大限に引き出す教師としての役割を果たしている
- ✓ 子供の主体的な学びを支援する伴走者としての能力も備えている
  #教師の資質・能力の向上　#多様な人材の確保　#家庭や地域社会との連携
  #学校における働き方改革　#教職の魅力発信　#教職志望者の増加

子供の学びや教職員を支える環境

- ✓ ICT環境の整備により全国の学校で指導・支援の充実、校務の効率化等がなされている
- ✓ 新しい時代の学びを支える学校教育の環境が整備されている
- ✓ 人口減少地域においても魅力的な教育環境が実現されている
  #ICT環境の整備　#学校施設の整備
  #少人数によるきめ細かな指導体制

「令和の日本型学校教育」における「子供の学び」の姿について

「子供の学び」の姿

「個別最適な学び」と「協働的な学び」を一体的に充実し、「主体的・対話的で深い学び」の実現に向けた授業改善につなげる

個別最適な学び
協働的な学び
→ 一体的に充実 →
主体的・対話的で深い学び

授業外の学習改善　　　　授業改善

\子供の資質・能力の育成/

個別最適な学び【学習者視点】（＝個に応じた指導【教師視点】）

子供が自己調整しながら学習を進めていく

指導の個別化
- 子供一人一人の特性・学習進度・学習到達度等に応じ、
- 教師は必要に応じた重点的な指導や指導方法・教材等の工夫を行う
→ 一定の目標を全ての子供が達成することを目指し、異なる方法等で学習を進める

学習の個性化
- 子供一人一人の興味・関心・キャリア形成の方向性等に応じ、
- 教師は一人一人に応じた学習活動や課題に取り組む機会の提供を行う
→ 異なる目標に向けて、学習を深め、広げる

協働的な学び
- 子供一人一人のよい点や可能性を生かし、
- 子供同士、あるいは地域の方々をはじめ多様な他者と協働する
→ 異なる考え方が組み合わさり、よりよい学びを生み出す

各学校段階において目指す学びの姿

幼児教育
- 小学校との円滑な接続、質の評価を通じたPDCAサイクルの構築等による、質の高い教育が提供されている
- 身近な環境に主体的に関わり様々な活動を楽しむ中で達成感を味わいながら、全ての幼児が健やかに育つことができる

義務教育
- 基礎的・基本的な知識・技能や学習の基盤となる資質・能力等の確実な育成が行われるとともに、多様な一人一人の興味・関心等に応じた学びが提供されている
- 児童生徒同士の学び合いや探究的な学び等を通じ、地域の構成員や主権者としての意識が育まれている
- 全ての児童生徒が安全・安心に学ぶことができる

高等学校教育
- 社会的・職業的自立に向けて必要な基盤となる資質・能力や、社会の形成に主体的に参画するための資質・能力が育まれている
- 多様な関係機関等との連携・協働による地域・社会の課題解決に向けた学びが行われている
- 探究的な学びやSTEAM教育等の教科等横断的な学びが提供されている

特別支援教育
- 全ての教育段階において、インクルーシブ教育システムの理念を構築することを旨として行われ、全ての子供たちが適切な教育を受けられる環境整備
- 障害のある子供に対して可能な限りともに教育を受けられるための条件整備
- 障害のある子供の自立と社会参加を見据え、連続性のある多様な学びの場の一層の充実・整備

4.「令和の日本型学校教育」の構築に向けた今後の方向性

学校や教師がすべき業務・役割・指導の
\範囲・内容・量の精選・縮減・重点化/

\学校と地域社会の連携・協働/
一体となって子供の成長を支えていく

\「二項対立」の陥穽に陥らない/
どちらの良さも適切に組み合わせて生かしていく
- 一斉授業 or 個別学習
- デジタル or アナログ
- 履修主義 or 修得主義
- 遠隔・オンライン or 対面・オフライン

全ての子供たちの可能性を引き出す、個別最適な学びと、協働的な学びの実現に向けて

改革に向けた6つの方向性
- （1）学校教育の質と多様性、包摂性を高め、教育の機会均等を実現する
- （2）連携・分担による学校マネジメントを実現する
- （3）これまでの実践とICTとの最適な組合せを実現する
- （4）履修主義・修得主義等を適切に組み合わせる
- （5）感染症や災害の発生等を乗り越えて学びを保障する
- （6）社会構造の変化の中で、持続的で魅力ある学校教育を実現する

5.「令和の日本型学校教育」の構築に向けたICTの活用に関する基本的な考え方

【基本的な考え方】
- 学校教育の基盤的なツールとして、ICTは必要不可欠なもの
- これまでの実践とICTを最適に組み合わせていく

\Society5.0時代にふさわしい学校の実現/
- 学校教育の様々な課題を解決し、教育の質向上につなげる
- PDCAサイクルを意識し、効果検証・分析を適切に行う
- ICTを活用すること自体が目的化してしまわないよう留意

（1）学校教育の質の向上に向けたICTの活用
- ICTを主体的・対話的で深い学びの実現に向けた授業改善に生かすとともに、今までできなかった学習活動の実施や家庭など学校外での学びを充実する
- 特別な支援が必要な児童生徒へのきめ細かな支援や、個々の才能を伸ばすための高度な学びの機会の提供など、児童生徒一人一人に応じた指導を行う

#端末の日常的な活用　#ICTは「文房具」
#ICTの活用と少人数学級を両輪としたきめ細かな指導

（2）ICTの活用に向けた教師の資質・能力の向上
- 教員養成・研修全体を通じ、教師が必要な資質・能力を身に付けられる環境を実現する
- 教員養成大学・学部が新たな時代に対応した教員養成モデルの構築や、不断の授業改善に取り組む教師のネットワークの中核としての役割を担う

#ICT活用指導力の養成　#データリテラシーの向上
#指導ノウハウの収集・分析

（3）ICT環境整備の在り方
- GIGAスクール構想により配備される端末は、クラウドにアクセスし、各種サービスを活用することを前提
- 各学校段階（小・中・高）における1人1台端末環境の実現、端末の家庭への持ち帰りが望まれる

#デジタル教科書・教材の普及促進
#教育データの利活用　#ICT人材の確保
#校務効率化

巻末資料

日本国憲法 昭二一・一一・三

　日本国民は、正当に選挙された国会における代表者を通じて行動し、われら
とわれらの子孫のために、諸国民との協和による成果と、わが国全土にわたつ
て自由のもたらす恵沢を確保し、政府の行為によつて再び戦争の惨禍が起こる
ことのないやうにすることを決意し、ここに主権が国民に存することを宣言
し、この憲法を確定する。そもそも国政は、国民の厳粛な信託によるものであつ
て、その権威は国民に由来し、その権力は国民の代表者がこれを行使し、その
福利は国民がこれを享受する。これは人類普遍の原理であり、この憲法は、か
かる原理に基くものである。われらは、これに反する一切の憲法、法令及び詔
勅を排除する。

　日本国民は、恒久の平和を念願し、人間相互の関係を支配する崇高な理想を
深く自覚するのであつて、平和を愛する諸国民の公正と信義に信頼して、われ
らの安全と生存を保持しようと決意した。われらは、平和を維持し、専制と隷
従、圧迫と偏狭を地上から永遠に除去しようと努めてゐる国際社会において、
名誉ある地位を占めたいと思ふ。われらは、全世界の国民が、ひとしく恐怖と
欠乏から免かれ、平和のうちに生存する権利を有することを確認する。

　われらは、いづれの国家も、自国のことのみに専念して他国を無視してはな
らないのであつて、政治道徳の法則は、普遍的なものであり、この法則に従ふ
ことは、自国の主権を維持し、他国と対等関係に立たうとする各国の責務であ
ると信じる。

　日本国民は、国家の名著にかけ、全力をあげてこの崇高な理想と目的を達成
することを誓ふ。

第二章　戦争の放棄

〔戦争の放棄、戦力の不保持、交戦権の否認〕
第九条　日本国民は、正義と秩序を基調とする国際平和を誠実に希求し、国権

の発動たる戦争と、武力による威嚇又は武力の行使は、国際紛争を解決する
手段としては、永久にこれを放棄する。

二　前項の目的を達するため、陸海空軍その他の戦力は、これを保持しない。
国の交戦権は、これを認めない。

第三章　国民の権利及び義務

〔基本的人権の享受と本質〕
第十一条　国民は、すべての基本的人権の享有を妨げられない。この憲法が国
民に保障する基本的人権は、侵すことのできない永久の権利として、現在及
び将来の国民に与えられる。

〔自由・権利の保持の責任とその濫用の禁止〕
第十二条　この憲法が国民に保障する自由及び権利は、国民の不断の努力に
よつて、これを保持しなければならない。又、国民は、これを濫用してはなら
ないのであつて、常に公共の福祉のためにこれを利用する責任を負ふ。

〔思想及び良心の自由〕
第十九条　思想及び良心の自由は、これを侵してはならない。

〔信教の自由、国の宗教活動の禁止〕
第二十条　信教の自由は、何人に対してもこれを保障する。いかなる宗教団体
も、国から特権を受け、又は政治上の権力を行使してはならない。

二　何人も、宗教上の行為、祝典、儀式又は行事に参加することを強制されな
い。

〔学問の自由〕
第二十三条　学問の自由は、これを保障する。

［生存権、国の生存権保障義務］

第二十五条　すべての国民は、健康で文化的な最低限度の生活を営む権利を有
　　する。

二　国は、すべての生活部面について、社会福祉、社会保障及び公衆衛生の向
　　上及び増進に努めなければならない。

［教育を受ける権利、教育を受けさせる義務、義務教育の無償］

第二十六条　すべて国民は、法律の定めるところにより、その能力に応じて、
　　ひとしく教育を受ける権利を有する。

二　すべて国民は、法律の定めるところにより、その保護する子女に普通教育
　　を受けさせる義務を負ふ。義務教育は、これを無償とする。

教育基本法　　　　　　　　　　　平成一八・一二・二二　　法　一二〇

　我々日本国民は、たゆまぬ努力によって築いてきた民主的で文化的な国家を
更に発展させるとともに、世界の平和と人類の福祉の向上に貢献することを願
うものである。

　我々は、この理想を実現するため、個人の尊厳を重んじ、真理と正義を希求
し、公共の精神を尊び、豊かな人間性と創造性を備えた人間の育成を期すると
ともに、伝統を継承し、新しい文化の創造を目指す教育を推進する。

　ここに、我々は、日本国憲法の精神にのっとり、我が国の未来を切り拓く教
育の基本を確立し、その振興を図るため、この法律を制定する。

第一章　教育の目的及び理念

（教育の目的）

第一条　教育は、人格の完成を目指し、平和で民主的な国家及び社会の形成者
　　として必要な資質を備えた心身ともに健康な国民の育成を期して行われなけ
　　ればならない。

（教育の目標）

第二条　教育は、その目的を実現するため、学問の自由を尊重しつつ、次に掲げる目標を達成するよう行われるものとする。

一　幅広い知識と教養を身に付け、真理を求める態度を養い、豊かな情操と道徳心を培うとともに、健やかな身体を養うこと。

二　個人の価値を尊重して、その能力を伸ばし、創造性を培い、自主及び自律の精神を養うとともに、職業及び生活との関連を重視し、勤労を重んずる態度を養うこと。

三　正義と責任、男女の平等、自他の敬愛と協力を重んずるとともに、公共の精神に基づき、主体的に社会の形成に参画し、その発展に寄与する態度を養うこと。

四　生命を尊び、自然を大切にし、環境の保全に寄与する態度を養うこと。

五　伝統と文化を尊重し、それらをはぐくんできた我が国と郷土を愛するとともに、他国を尊重し、国際社会の平和と発展に寄与する態度を養うこと。

（生涯学習の理念）

第三条　国民一人一人が、自己の人格を磨き、豊かな人生を送ることができるよう、その生涯にわたって、あらゆる機会に、あらゆる場所において学習することができ、その成果を適切に生かすことのできる社会の実現が図られなければならない。

（教育の機会均等）

第四条　すべて国民は、ひとしく、その能力に応じた教育を受ける機会を与えられなければならず、人種、信条、性別、社会的身分、経済的地位又は門地によって、教育上差別されない。

二　国及び地方公共団体は、障害のある者が、その障害の状態に応じ、十分な教育を受けられるよう、教育上必要な支援を講じなければならない。

三　国及び地方公共団体は、能力があるにもかかわらず、経済的理由によって修学が困難な者に対して、奨学の措置を講じなければならない。

第二章　教育の実施に関する基本

（義務教育）

第五条　国民は、その保護する子に、別に法律で定めるところにより、普通教育を受けさせる義務を負う。

二　義務教育として行われる普通教育は、各個人の有する能力を伸ばしつつ社会において自立的に生きる基礎を培い、また、国家及び社会の形成者として必要とされる基礎的な資質を養うことを目的として行われるものとする。

三　国及び地方公共団体は、義務教育の機会を保障し、その水準を確保するため、適切な役割分担及び相互の協力の下、その実施に責任を負う。

四　国又は地方公共団体の設置する学校における義務教育については、授業料を徴収しない。

（学校教育）

第六条　法律に定める学校は、公の性質を有するものであって、国、地方公共団体及び法律に定める法人のみが、これを設置することができる。

二　前項の学校においては、教育の目標が達成されるよう、教育を受ける者の心身の発達に応じて、体系的な教育が組織的に行われなければならない。この場合において、教育を受ける者が、学校生活を営む上で必要な規律を重んずるとともに、自ら進んで学習に取り組む意欲を高めることを重視して行われなければならない。

（大学）

第七条　大学は、学術の中心として、高い教養と専門的能力を培うとともに、深く真理を探究して新たな知見を創造し、これらの成果を広く社会に提供することにより、社会の発展に寄与するものとする。

二　大学については、自主性、自律性その他の大学における教育及び研究の特性が尊重されなければならない。

（私立学校）

第八条　私立学校の有する公の性質及び学校教育において果たす重要な役割に
　　かんがみ、国及び地方公共団体は、その自主性を尊重しつつ、助成その他の
　　適当な方法によって私立学校教育の振興に努めなければならない。

（教員）

第九条　法律に定める学校の教員は、自己の崇高な使命を深く自覚し、絶えず
　　研究と修養に励み、その職責の遂行に努めなければならない。

二　前項の教員については、その使命と職責の重要性にかんがみ、その身分は
　　尊重され、待遇の適正が期せられるとともに、養成と研修の充実が図られな
　　ければならない。

（家庭教育）

第十条　父母その他の保護者は、子の教育について第一義的責任を有するもの
　　であって、生活のために必要な習慣を身に付けさせるとともに、自立心を育
　　成し、心身の調和のとれた発達を図るよう努めるものとする。

二　国及び地方公共団体は、家庭教育の自主性を尊重しつつ、保護者に対する
　　学習の機会及び情報の提供その他の家庭教育を支援するために必要な施策を
　　講ずるよう努めなければならない。

（幼児期の教育）

第十一条　幼児期の教育は、生涯にわたる人格形成の基礎を培う重要なもので
　　あることにかんがみ、国及び地方公共団体は、幼児の健やかな成長に資する
　　良好な環境の整備その他適当な方法によって、その振興に努めなければなら
　　ない。

（社会教育）

第十二条　個人の要望や社会の要請にこたえ、社会において行われる教育は、
　　国及び地方公共団体によって奨励されなければならない。

二　国及び地方公共団体は、図書館、博物館、公民館その他の社会教育施設の

設置、学校の施設の利用、学習の機会及び情報の提供その他の適当な方法によって社会教育の振興に努めなければならない。

（学校、家庭及び地域住民等の相互の連携協力）
第十三条　学校、家庭及び地域住民その他の関係者は、教育におけるそれぞれの役割と責任を自覚するとともに、相互の連携及び協力に努めるものとする。

（政治教育）
第十四条　良識ある公民として必要な政治的教養は、教育上尊重されなければならない。
二　法律に定める学校は、特定の政党を支持し、又はこれに反対するための政治教育その他政治的活動をしてはならない。

（宗教教育）
第十五条　宗教に関する寛容の態度、宗教に関する一般的な教養及び宗教の社会生活における地位は、教育上尊重されなければならない。
二　国及び地方公共団体が設置する学校は、特定の宗教のための宗教教育その他宗教的活動をしてはならない。

第三章　教育行政

（教育行政）
第十六条　教育は、不当な支配に服することなく、この法律及び他の法律の定めるところにより行われるべきものであり、教育行政は、国と地方公共団体との適切な役割分担及び相互の協力の下、公正かつ適正に行われなければならない。
二　国は、全国的な教育の機会均等と教育水準の維持向上を図るため、教育に関する施策を総合的に策定し、実施しなければならない。
三　地方公共団体は、その地域における教育の振興を図るため、その実情に応

じた教育に関する施策を策定し、実施しなければならない。

四　国及び地方公共団体は、教育が円滑かつ継続的に実施されるよう、必要な
財政上の措置を講じなければならない。

（教育振興基本計画）

第十七条　政府は、教育の振興に関する施策の総合的かつ計画的な推進を図る
ため、教育の振興に関する施策についての基本的な方針及び講ずべき施策そ
の他必要な事項について、基本的な計画を定め、これを国会に報告するとと
もに、公表しなければならない。

二　地方公共団体は、前項の計画を参酌し、その地域の実情に応じ、当該地方
公共団体における教育の振興のための施策に関する基本的な計画を定めるよ
う努めなければならない。

第四章　法令の制定

第十八条　この法律に規定する諸条項を実施するため、必要な法令が制定され
なければならない。

附則（抄）

（施行期日）

一　この法律は、公布の日から施行する。

お わ り に

ここまで本書を読み進めていただいた皆さんに感謝いたします。

さて、ヨーロッパらみれば東の端にあるこの小さな島国が世界のなかで確固とした地位を築き保ち続けている、という事実は驚愕に値する事実でしょう。さらに、この小さな島国には、石油、石炭など地下に埋蔵された鉱物資源かがほとんどありません。あるのはこの島国に暮らす一億数千万人の人びとです。

NHK21世紀スペシャル大河ドラマ、司馬遼太郎原作の「坂の上の雲」の冒頭、俳優の渡辺謙さんのナレーションの一部に、

明治維新によって日本人は初めて近代的な「国家」というものをもった。誰もが「国民」になった。不慣れながら「国民」となった日本人たちは、日本史上の最初の体験者としてその新鮮さに昂揚した。

この痛々しいばかりの昂揚がわからなければ、この段階の歴史はわからない。社会のどういう階層のどういう家の子でも、ある一定の資格をとるために、必要な記憶力と根気さえあれば、博士にも、官吏にも、軍人にも、教師にもなりえた。この時代(明治時代)の明るさは、こういう楽天主義から来ている。

と述べているところがあります。特に、明治5年の学制発布以来、日本の学校教育は多くの人を育ててきました。そして、当時、いくつかの戦役を経ましたが、その人びとは欧米列強に伍する原動力となりました。日本の歴史を振り返れば、教育の力は絶大であったと言っても過言ではありません。

ですから、いつの時代にあっても、その主な担い手しての「教師」の有様が問われています。子どもたちのことを思い、社会を思い、ひいては日本ばかりか世界を広い視野で思い考えることのできる優秀な若人が「教職」に就くことが21世紀以降の日本の明暗を分けることになるのかもしれません。新版を刊行するにあたり、本書が皆さんの「教職」への理解に役立ち、進路選択の一助となれば幸いです。

武蔵野の桜を見上げながら

齋藤　嘉則

執 筆 者 一 覧

遠藤　浩　　宮城学院女子大学教授　教職センター主任
　　　　　　東北大学文学部卒業

齋藤　公子　元宮城学院女子大学教授
　　　　　　東北大学文学部卒業、宮城教育大学院（国語教育専修）修了
　　　　　　教育学修士

齋藤　嘉則　東京学芸大学　先端教育人材育成推進機構　教授（令和6年4月以降）
　　　　　　元文部科学省初等中等教育局教科書調査官（外国語）
　　　　　　宮城教育大学大学院（英語教育専修）修了　教育学修士

一歩進んだ　三訂版 教職概論

2024年4月8日　三訂版第1刷発行
定価　1,760円（本体1,600円＋税10％）

編　　集　遠藤　浩　　齋藤 公子　　齋藤 嘉則

編集事務局　宮城学院女子大学　遠藤浩研究室

発行・印刷　株式会社 美巧社
　　　　　　〒760-0063
　　　　　　香川県高松市多賀町1-8-10
　　　　　　TEL　087-833-5811

ISBN　978-4-86387-188-5 C1037